U0092666

心一堂當代術數文庫　星命類

七星術（正傳）——命理預測篇

黃煒祥　著

Sunyata

書名：七星術（正傳）——命理預測篇
系列：心一堂當代術數文庫・星命類
作者：黃煒祥
編輯：陳劍聰

出版：心一堂有限公司
地址/門市：香港九龍旺角西洋菜南街5號好望角大廈10樓1003室
電話號碼：(852)6715-0840
網址：publish.sunyata.cc
電郵：sunyatabook@gmail.com
網上書店http://book.sunyata.cc
網上論壇http://bbs.sunyata.cc/

版次：二零一七年六月初版
平裝

定價：港幣　一百五十元正
　　　新台幣　五百九十八元正

國際書號　978-988-8317-56-1

版權所有　翻印必究

香港及海外發行：香港聯合書刊物流有限公司
香港新界大埔汀麗路36號中華商務印刷大廈3樓
電話號碼：(852)2150-2100
傳真號碼：(852)2407-3062
電郵：info@suplogistics.com.hk

台灣發行：秀威資訊科技股份有限公司
地址：台灣台北市內湖區瑞光路七十六巷六十五號一樓
電話號碼：(886)2796-3638
傳真號碼：(886)2796-1377
網絡書店：www.govbooks.com.tw

中國大陸發行 零售：心一堂書店
深圳地址：中國深圳羅湖立新路六號東門博雅負一層零零八號
電話號碼：(86)0755-82224934
北京地址：中國北京東城區雍和宮大街四十號
心一堂官方淘寶：sunyatacc.taobao.com/

作者師葛玉臣先生照片

作者師葛玉臣先生與作者合照

作者師葛玉臣先生與作者合照

作者近照

目錄

三、幾種特殊的命盤式

葛師序

七星術，原名叫七星煞，是我二祖父的姑舅爺傳下來的。是一門奇術。我十四歲開始就跟隨二祖父學七星術，幾十年來，一直在黑龍江的虎林市執業。二零零八年被同道中人推薦，外出傳道授業。後因諸多方面的原因，從二零一五年起，我不再公開傳授。

現由我大弟子黃煒祥，發弘願，以其學習之心得，將七星術整理并著作成書，實在是七星術傳承之一大幸事，我頗感欣慰。七星術主要有斷事法和化解法二部分。是一門綜合性的術數，實際應用價值很高。希望學習者能好好感悟，有緣者，必有所得。

葛玉臣

二零一六年十二月於黑龍江虎林

作者序

七星術，是晚清時期，由太師公傳於我師公葛永全，師公子女不學，便隔代傳於我師葛玉臣，我師子女亦不學，便外傳於我等。

七星術，原名《七星煞》，曾有原書一本，但書上沒有表明成於什麼年代，也沒有表明是何人所作，乃至傳我太師公從哪裏得來此術來，都不得而知，是一個千古不解之謎。

我師得此術後，四十多年來一直在東北老家虎林市執業，名揚一方。後被同道中人推舉，外出傳道授學。一些名利之人乘機盜名欺世，在只學了一點點基礎的狀態下，借我師之名，開辦培訓班，并隨意編寫所謂的教材，踐踏七星術，以致於阻礙了七星術的傳授。我師在痛恨之餘，歸隱而不再公開傳授。

我隨師七年整，方得師之全盤傳授，所斷命例無數，也用七星術的化解法幫助了不少人。深感此術的精奧，深感此術的神奇，深感此術的珍貴。

爲了使七星術這一寶貴的術數得到留存和弘揚，還其本來面目，造福衆生，經請示我師後，特整理編寫此書，凡能認真閱讀此書，并能悉心去感悟的，都可以掌握并在實踐中去應用。

書上無虛言，能公開的都已公開，望有緣人得之珍惜。

丙申年己亥月成稿於浙江上虞祥和居室

概論

天地有日月相照，有晝夜之分，有四季之別，是爲陰陽。萬物得陰陽交媾而生，得變化而長。先天爲生，後天爲長，先天爲靜，後天爲動。靜爲體，動爲用。萬物之中，人又爲上，而人有吉凶禍福，此乃金、木、水、火、土五行之氣生尅變化的影響。相生者吉，相尅者凶，得生者旺，受尅者衰。

七星術，它不用干支，不論神煞，重以五行生尅而論，以自然之象成命盤（又稱卦盤），內外結合，外稱爲龍盤，內稱爲鳳盤。亦將男命稱爲龍命，女命稱爲鳳命。其實還是陰陽的關係。它全部用到二十七個字，每個命也就用到十多個字，便將一個八字展現的淋漓盡致。它可以直接看命盤分析一個八字一生的趨勢，可以抽爻取象，定流年吉凶，也可以取用外應定奪事情的成敗。

何以用七星之名，原傳承上沒有說明，從它的術數用法上來看，它包含了斗數、梅花、九宮，四柱等七種術數。

從它的應用上來看，則以金木水火土加日月爲主，從它的化解法上看，則又以北斗星爲重。

七星術，龍盤有六個字，又稱爲六字真言、鳳盤二十個字，再加一個空字。從上到下橫排成四行（又稱爲卦），分別以萬物的消長，人的吉凶禍福，五行的生尅，陰陽的平衡，將一個人融合在自然的規律中，例如，最後一卦，陰陽日月平，陰和陽是一種對立的關係。陰過盛了，是一種煞，陽過旺了，是一種凶，這二者之間必須平衡，平衡了才會順暢和合，日月也是陰陽關係，日爲陽，月爲陰，一樣需要平衡才好。所以，在陰陽日月的後面一個字，用了平字，是平衡的意思。這個平字又是全卦盤最後一個字，也有一切歸於平靜的意思。

取外因之用法，是因爲一個人從出生到成長，到死亡，都是在一個早已有了定數的規律中變化，但這個規律也會遭遇到許多突變。取用外因，就是將變化了的和不變的事物結合在一起，以其相互間的作用，論某人，某事的吉凶成敗和興衰，它實際上也是動和靜的關係。

七星術，它的計時方式也同其他術數不一樣。比如新年的計時，大部份術數都是以立春爲新年的開始，而七星術則以農曆的正月初一，爲新年的開始，再如對子時的劃分，它以零點爲分界，將晚上的十一點到一點，拆分爲早晚二個子時，時同而日不同，但在起卦盤時，都以一個子時爲算。

對於爲什麽採用農曆正月初一爲新年的開始，和以零點爲界分早晚子時，已無從考證了，也無法追根。如同術數是何人所創，一樣是個謎。

所有的術數，都源自河洛之理，七星術儘管它同別的術數完全不一樣，但它依然在河洛之理中，數取於河洛，方位取於河洛，生尅取於河洛，卦盤有先天卦盤和後天卦盤，亦以先天卦盤爲體，後天卦盤爲用。鳳盤二十個字，分成四行，稱爲四卦，先後天共爲八卦。上下相通，對宮相通，龍盤爲外，鳳盤爲內，內外相應。

八卦以分陰陽而左轉右轉，七星術鳳盤亦分主卦盤和副卦盤，主卦盤的字可右移到副卦盤，副卦盤的字可左移到主卦副盤，順轉逆轉，無一不合。

即使是字數，龍盤鳳盤其計二十七個字，亦是易理中的三、九之數。

龍盤、鳳盤又都以時位爲重，時位即太極點，一切依它爲中心。此又無一不在易理之中。

我國的文字都從象形而來，每一個字都有它特定的象意。七星術所取用的二十七個字，實際也是二十七個象，如趙字(繁體字)，象意爲三個人在月下走，夜中走路不好走，夜中走路必是迫不得已，三個人又爲多人，趙字在七星術中的表示：1、强動，2、艱難，3、多人。

一個字是象，字與字的組合也是象，是變化了的象，七星術以取流年字，以對應字，取上下左右的字而成卦成象，弄懂每個字的象意，就可以弄懂取用的卦象，弄懂了卦象，也就明白了什麼事，什麼狀態了，七星術，其實就是取象和讀象配用陰陽和五行生尅。

大凡術數，都能推命斷事，但斷事後却少有制化的方法，或者是有效的制化方法，告知你的事，却沒有解决的方法，這又何用？其實是不完整的。

七星術則不同，它在推斷吉凶的同時，還有一整套與之相配的催吉化凶的方法。比如，斷出流年有車禍，可用平安符化解，比如，讀書考試可用上合符催之，比如青龍白虎命，可用陰陽和合之法化解，又比如壽祿，可用七星陣法討之。等等一系列做法，同推命斷事形成了相互生扶的完整術數，體現了推命斷事的必要和價值。

鑒於化解法有其非常的特殊性，故不編寫在本書內，將在以後適時傳授完整、正確的七星術化解法。

一、盤式

盤式是七星術的基礎部分，也是它的主體，它由龍盤（即外盤），鳳盤（即內盤）所組成。鳳盤又分先天盤和後天盤，先天盤是一個靜態的盤式，它的字和字位都是固定不變的。後天盤是將一個人的出生年、月、日、時，以先天字位數變化而成，是一個動盤。

盤式，既是一個概念性的東西，也是一個系統性的，它包含相當豐富的內容，因此必須熟悉和掌握。

1、龍盤

龍盤，是外盤，有上下六個字，又稱六字真言，它們是：陰、觀、順、沖、陽、落。在盤上的排列如下圖所示：

觀	順	沖	沖	順	觀
0	0	0	0	0	0
0	0	0	0	0	0
0	0	0	0	0	0
0	0	0	0	0	0
陰	落	陽	陽	落	陰

從陰字開始，到落字結束，它是自然界一個陰陽消長的過程。

陰：表示初生

觀：表示思想

順：表示外部環境很好

沖：表示行動
陽：表示生長
落：表示結束。

這是一個循環，誰也逃脫不了的自然循環。對一個命例來說，這六個字還有這樣的釋義。

陰：表示不明，外部環境差，也表示陰問，又代表女人。

觀：表示思想觀察，謹慎，外部環境不明朗，也代表寺院、道觀、仙廟。

順：表示外部環境很好，順暢，沒有阻礙，吉事可成，凶事可緩。

沖：表示衝動，外力推動，表示事急，也有尅害的意思。

陽：表示太陽、光明、陽剛。代表外部環境良好，有貴合之意，也代表男人。

落：表示落空、下落、敗落，代表外部環境極差。也表示墳墓。

2、鳳盤

鳳盤是整個命局的內盤，共有二十個字組成，它分先天盤和後天盤。

先天盤二十個字的位置排列是固定不變的，後天盤是依據出生的年、月、日、時進行組合而成的，是依據先天盤變化而成的。

先天盤

觀	順	沖	沖	順	觀
行星土平		合君火月	立趙水日	清凶木陽	草吉金陰
陰	落	陽	陽	落	陰

依次順序是：

行 5	星 10	土 15	平 20
合 4	君 9	火 14	月 19
立 3	趙 8	水 13	日 18
清 2	凶 7	木 12	陽 17
草 1	吉 6	金 11	陰 16

另外，還有一個空字，是應用在後天盤上的。此橫排四行，又稱爲四個卦。分別代表萬物、人、地（財）、天。

3、主副盤

天有陰陽，有日月、盤式分龍鳳，分先後天，亦分主盤、副盤。主副盤又是內外的關係。

主盤是左側龍盤觀順沖下面竪的三列，副盤是右側龍盤沖順現下面竪的二列。

如下圖所示

	觀	順	沖	沖	順	觀	
主	O	O	O	O		O	副
	O	O	O	O		O	
盤	O	O	O	O		O	盤
	O	O	O	O		O	
	陰	落	陽	陽	落	陰	

主盤順下的豎列，可以移到副盤順下的空列中去（主要是在斷流年時移動）。

	觀	順	沖	沖	順	觀	
主	O		O	O	O	O	副
	O		O	O	O	O	
盤	O		O	O	O	O	盤
	O		O	O	O	O	
	陰	落	陽	陽	落	陰	

4、後天命卦盤

某年、某月、某日、某時，一個生命出生。它依先天盤式，用其出生的時間進行組合，這樣排出的卦盤就是後天卦盤。後天卦盤是一個人一生的定格，其吉凶禍福，生老病死等，都在後天卦盤上體現，所以，又稱爲命盤。

後天卦盤的組合方式，是以出生的時辰爲基點，如：子時1，丑時2，寅時3，卯時4，辰時5，巳時6，午時7，未時8，申時9，酉時10，戌時11，亥時12。

然後，將時辰數同年、月、日的數相加而得數（注：出生年，取後二位數，如：1891年，1、8爲紀不取，9爲元，1爲年，取元年91）

例如：

農曆1891年3月18日辰時，

取91年3月18日辰時（元、年、月、日、時）相加法：

第一組數字，是龍盤觀字下竪列行

時辰加元：5+9=14

時辰加年：5+1=6

時辰加月：5+3=8

時辰加日：5+18=23

第二組數字是龍盤沖字下豎列行：

時辰加元加年：5+9+1=15

時辰加月加日：5+3+18=26

時辰加元加月：5+9+3=17

時辰加年加日：5+1+18=24

將上述相加得數代入卦盤中：先代入主盤。

	觀	順	沖	沖	順	觀	
主	14		15				副
	6		26				
盤	8		17				盤
	23		24				
	陰	落	陽	陽	落	陰	

主盤順下的數是由主盤觀下數的個位和主盤沖下數的個位相加而得，如：

	觀	順	沖	沖	順	觀	
主盤	14	9	15				副盤
	6	12	26				
	8	15	17				
	23	7	24				
	陰	落	陽	陽	落	陰	

副盤沖下的數是主盤觀下數整體移過去而得，副盤觀下的數，是主盤沖下的數整體移過去而得，副盤順下沒有數，是空列行。

	觀	順	沖	沖	順	觀	
主	14	9	15	14		15	副
	6	12	26	6		26	
盤	8	15	17	8		17	盤
	23	7	24	23		24	
	陰	落	陽	陽	落	陰	

熟練應用後，副盤的數不用寫出來，直接用字代入即可。
然後開始填字，將先天卦盤中的字，依後天卦盤的數，依次填入。
主卦盤觀下之數和沖下之數，取個位數找字填入。
當正好20時，其個位數是指0，此時填入一個特殊的字，空字。
主卦盤順下之數，副卦盤沖下之數和副卦盤觀下之數取十位數找字填入。副盤上當數大於20則減去20。取20以下的數，例如：

	觀	順	沖	沖	順	觀	
主	14		15				副
	合	君	行	火		土	
	6		26				減去 20
	吉	木	吉	吉		吉	
盤	8		17				盤
	趙	土	凶	趙		陽	
	23		24				減去 20
	立	凶	合	立		合	
	陰	落	陽	陽	落	陰	

這就是一個完整的命盤了。將一個人的出生年、月、時，以數變數，然後代入固定的文字所形成。一個人的父母、兄弟姐妹，子女、婚姻、性格、吉凶、事業、貧賤富貴、生死等都顯示在這個盤上。

5、時位

時位，就是時辰的位置，它是整個卦盤的中心點，也就是太極點，用這個太極點來主導全盤，所有演繹都從太極點展開。

時位，有龍盤時位，鳳盤時位二個。

先定出龍盤時位：從陰字上起出生的月，再從月上起出生的日，從日上起出生的時辰，所排到的這個字，就是龍盤的時位。

此定時位的挨排順序是，陰、觀、順、沖、陽、落，循環進行。

此時位的挨排只在主盤上進行。

例如：農曆1930年8月9日卯時

	8月						
	2月	3月	4月				
	觀	順	沖	沖	順	觀	
主	O	O	O	O		O	副
	O	O	O	O		O	
盤	O	O	O	O		O	盤
	O	O	O	O		O	
	陰時	落	陽	陽	落	陰	
	1月	□	□				
	7月	□	□				

先起月，從陰字上起，1月，觀字上2月，順字上3月，沖字上4月，陽字上5

月，落字上6月，陰字上7月，觀字上8月，再月上起日，初一在觀字上，初二在順字上，初三在沖字上，初四在陽字上，初五在落字上，初六在陰字上，初七在觀字上，初八在順字上，初九在沖字上。

再日上起時辰，子時在沖字上，丑時在陽字上，寅時在落字上，卯時在陰字上，如此，龍盤的時位定在陰字上。

餘命盤都類推。

再定鳳盤的時位，從龍盤觀字下，鳳盤的第一個字起月數，月下起日，日下起時，從上到下在鳳盤中挨排，不分主副盤，所挨到的這個字，就是鳳盤的時位。

仍以上例：農曆1930年8月9日卯時

	觀	順	沖		
	7		7		
一月		五月	初一	初五	初九
卯時	凶	火	凶	凶	凶
	4		21		
二月		六月	初二	初六	子時
	合	行	草	合	草
	12		15		
三月		七月	初三	初七	丑時
	清	凶	行	木	土
	13		13		
四月		八月	初四	初八	寅時
	立	吉	立	水	水
時	陰	落	陽		

先起月，觀下鳳盤第一個字是凶字，從這個凶字上起月數，一月在凶字，二月在合字，三月在清字，四月在立字，五月在火字，六月在行字，七月在凶字，八月

在吉字。

月下起日：初一在凶字，初二在草字，初三在行字，初四在立字，初五在凶字，初六在合字，初七在木字，初八水字，初九在凶字。

日下起時：子時在草字，丑時在土字，寅時在水字，卯時在凶字。（觀下凶字），這個凶字，就是鳳盤的時位。

到此，一個命盤和二個時位已經成立，可以對一個八字進行全面分析和流年的推算了。

6、定流年

定出龍鳳二個命盤的時位後，便可以推出流年各在龍鳳二個卦盤的哪個字上了。

推流年，如歲的數大於7的，則一個字的爲7年。小於7的，則一個字爲一年，龍鳳二個卦盤都一樣，如上例，推64歲。

觀	順	沖 64歲		
凶 時	火 28	凶 56	凶	凶
合 7	行 35	草 63	合	草
清 14	凶 42	行 64	木	土
立 21	吉 49	立	水	水
時陰	落	陽		

先推龍盤流年，64是7的9倍餘1，則從時位陰開始，一個字7年。循環查找，陰7、觀14、順21、沖28、陽35、落42、陰49、觀56、順63，63歲在順字上，餘1年。不到7數，則一個字一年，64歲在沖字上。

再推鳳盤流年，鳳盤從時位下面的字上起7數，時位在凶字上，下面是合字，從合字起：合7、清14、立21、火28、行35、凶42、吉49、凶56、草63，餘下1，則後面一個字爲1年，64歲在行字上。

7、多胞胎鳳盤時位的定法

一胎多子女，同年、同月、同日、同時辰出生，它的命卦盤式是一樣的，最後結局并不一樣，這就是多胞胎同命不同運。

如何區別？關鍵點在於時位的不同，時位不同，它的起點就不一樣，時位不同，它的太極對應點就不同，太極對應點的不同，其每個人的經歷和結果便不相同了。

法以出生順序，假如一胎三個，那第一個是老大，依例從龍盤觀字下，鳳盤的第一個字起月，月下起日，日下起時，第二個是老二則要從龍盤觀字下，鳳盤的豎列的第二個字開始起月，月下起日，日下起時，第三個是老三，是要從龍盤觀字下，鳳盤豎列第三個字上起月，月下起日，日下起時。餘類推。

	觀	順	沖		
	8		16		
老大	趙	火	吉	趙	陰
	13		18		
老二	立	金	趙	水	日[時]
	7		10		
老三	凶	凶	空	凶	星[時]
	16		24		
	吉	犀	合	陰	合[時]

如上圖所示：

例：農曆××38年2月11日辰時

老大，從觀下鳳盤趙字上起月，月下起日，日下起時，其時位是橫第二行的日字。

老二，從觀下鳳盤趙下的立字上起月，月下起日，日下起時，其時位是橫第三行的星字

老三，從觀下鳳盤趙立下的凶字上起月，月下起日，日下起時，其時位是橫第四行的合字。

8、鳳盤二十個字拆析

一）草字，拆開看，上端是苗，下端是十。苗是弱小，十字架主病。故草爲弱小，見金有傷，是病象。草爲二十個字之首，弱而搶先，又有草率之象。

二）清字：拆開來，一半爲水，一半爲青，水主情，青主冷，水清主情。

三）立字：人站在地平之上，是平穩之意象，見到吉則爲喜，見到凶則凶。

四）合字：拆開來是人一口，一人開口幫你說話，這合來的是貴人，一人開口說你壞話，這合來的是小人，故合字，合吉則吉，合凶則凶。

五）行字：左邊是雙人，是多人的意思，右邊是亍，有丁火之意，火爲急，故人有急事，有事必是動。

六）吉字：上面土字，土者，貴人也。下爲口字，貴人開口，必是好事。

七）凶字：乂是交叉路，凵是山凹，遇叉路又在山凹裏，出不來，會有險事要發生。乂又爲人字出頭，表示人做事過頭了，會招來凶險。

八）趙字：繁體字趙字，爲三人月下行，月爲夜中，夜中走路爲艱難，故有坎坷、艱難之行的意思。

九）君字：上面是尹，下面是口，尹主首，有貴意，官貴爲你開口，因此稱遇貴。

十）星字：上面是日字，下面是生字，賴日以生，只能是微明，故星爲夜。

十一）金字：人字下面玉又多了一點，乃財多，故金主財星。

十二）木字：人抱十字架，主病，也有求救之意。見水爲有救，見土爲入墓。

十三）水字：二個人，中間隔著一道墻，二個人橫著頭要衝墻而見，故水主情。

十四）火字：人字加兩點，一邊一個疙瘩，卡在脖子上，表示正受到侵犯，故爲急。

十五）土字：十字架立地上，爲平穩，又可看半截已入土下，爲墓象。

十六）陰字：左爲阜，右爲月，阜爲山，月爲夜，夜中之山，必有險難，夜中又爲不明。

十七）陽字：左爲阜，右爲日，日出在白天，白天的山上都看得清，故爲明。

十八）日字：是由一個大圓中間加一點組成，大圓代表宇宙，一點代表太陽，吉星高照是爲貴象。

十九）月字：下面開口有一條路可走，走出來就是個日字，見日爲明，天地合。

二十）平字：以幹字爲部首，有頂天立地之意，中間加二點不偏不倚，爲平衡之意。

9、鳳盤二十個字的釋義

草：爲木，爲初生，也表示行爲草率。
清：爲水，爲偏財，也表示清正。
立：爲想法，也表示動向。
合：爲貴，爲合夥，也表示合財。
行：爲正常的動態，也表示好動。
吉：爲喜事，好事。
凶：爲想法多，也表示艱難或災難。
趙：爲强動，爲衆人之動，也表示艱難。
君：爲官，也代表男人。
星：爲夜中，也代表女人。
金：爲財，爲車，也代表金屬器物。
木：爲財，爲樹木，也表示硬直。
水：爲財，爲情，爲女人，也代表有水的地方。

火：爲財，爲急，爲男人，也指有火的地方。
土：爲財庫，爲平穩，也代表墓地。
陰：爲不明，爲女人，也指陰暗的地方。
陽：爲官，爲男人，也指有陽光的地方。
日：爲貴人，男人，也代表官，能化凶。
月：爲夜中，爲女人。
平：爲平穩。

二、盤式的解析

每一個卦盤都包含了一個人一生的內容，每一個字的位置都有它的特定性。龍盤的字和位置是固定不變的，鳳盤的字，由於每個人的八字不同，其組合的字也不同，但它盤式所代表的位置也是不變的，因此，將鳳盤進行解析，瞭解它的位置和代表的特性，是十分的重要。

1、天地宮

鳳盤共有四個橫行，第一橫行稱爲天宮，第四橫行稱爲地宮，這是上下呼應的二個宮位。

如下圖所示：

觀	順	沖			
O	O	O	O	O	天宮
O	O	O	O	O	
O	O	O	O	O	
O	O	O	O	O	地宮
陰	落	陽			

2、父母宮

父母宮，用來看其父母的狀況，龍盤觀下，鳳盤的豎列爲父宮，龍盤沖下，鳳盤的豎列爲母宮。

如下圖所示：

觀	順	沖	
O	父	O	母
O		O	
O	宮	O	宮
O		O	

3、自身、配偶、子女三宮

自身、配偶、子女爲命主一家，故一起劃分，斷事時，以每事每宮位參看。

如下圖所示：

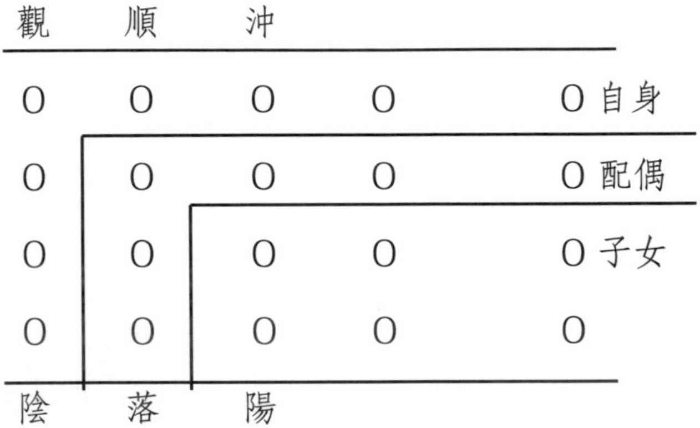

4、身體部位宮

此主要是看一個人身體部位的狀況，宮位的劃分是固定的。如下圖所示：

	觀	順	沖	沖	順	觀
頭部	O	O	O	O	O	O
胸部	O	O	O	O	O	O
腹部	O	O	O	O	O	O
腿部	O	O	O	O	O	O
	陰	落	陽	陽	落	陰

觀下竪列爲左半身
沖下竪列爲右半身

觀	順	沖	沖	順	觀
O	O	O	O		O
O	O	O	O		O
O	O	O	O		O
O	O	O	O		O
陰	落	陽	陽	落	陰
左		右			

5、大運劃分

干支交合一圈，爲60年，稱爲一甲子。七星術以卦爲大運的劃分，鳳盤上下四卦，每卦分到15年，合爲60年，依次循環。

如下圖所示：

觀	順	沖			
O	O	O	O	O	1 -15歲
O	O	O	O	O	16-30歲
O	O	O	O	O	31-45歲
O	O	O	O	O	46-60歲
陰	落	陽			

6、定方位

方位是看一個命一生的總動向，也可以看一個人流年的動向。

盤式是以左東、右西、上南、下北而定方位，盤內是以時位爲太極點。時位在主盤的表示此命一生不會走遠。時位在副盤的，表示此命將離開家鄉。這是總動向的定法。

流年動向的定法，以時位爲太極點，看流年字在時位的哪個方位。流年字在時位的北，則表示流年向北有動，流年字在東，則表示流年向東有動。

如下圖所示：時位在君字上，流年在平字上，平字在君的西北方，故此命流年有向西北方之動。

觀	行	星	土	平[流年]	陰
順					落
沖	合	君[時]	火	月	陽
沖	立	趙	水	日	陽
順	清	凶	木	陽	落
觀	草	吉	金	陰	陰

7、身位

身位，是一個命主的自我，是一個命盤的定星。身位上的字很重要，它是一個人一生吉凶，性格、書性等的主要字。在斷流年時，身位的字要帶著一起看。

身位的位置是固定不變的。它是在龍盤順字下，鳳盤天宮第二個字。在這個位置上所排到的字，是由八字組合變化而來的。

如下圖所示：農曆1980年7月29日巳時

這個命主的身位是趙字

觀	順	沖	沖	順	觀
14		14			
合	趙	合	火		火
6		42			
吉	趙	清	吉		清
13		21			
立	合	草	水		草
25		35			
行	星	行	行		土
陰	落	陽	陽	落	陰

8、暗字（對應字）

暗字，即出生的時辰數。又稱爲對應字。是對流年斷事起輔助作用的字。它有固定的數，但沒有固定的位置，隨流年而變。

它主要用法是，在流年字下起時辰數，所排到的字，同流年字論生尅。也可以在來時的字下起數，必要時，也可在身位下起數，尋字參看。

如下圖所示：

1980年7月29日巳時 35歲

觀	順	沖	沖	順	觀
火		火	14 合	趙	14 合
清		吉	42 清	趙	6 時吉
草		水	21 草	合 35	13 立
土		行	35 行	星	25 行
陰	落	陽	陽	落	陰

此命出生時辰爲巳時，巳時爲第6個時辰，爲6數，流年35歲在合字上，斷流年時，從合字下數到第6個字，是火字。這個火字，就是流年的暗字，也就是流年的對應字。

9、定位

它是求測者來問某個事可行不可行的時候，所採用的一種快捷方式，定出一個字，并參看此字上下左右的關係，從而得出結論。

法以求測者來的時辰數，加其出生的時辰數再減去1，所得的數，從龍盤觀字下，鳳盤第一個字開始從上到下排數，所排到的這個字的位置，就是定位，這個字，叫定位字。

例：出生時辰爲卯時4，來的時辰爲辰時5

4+5-1=8，從鳳盤第一個下數到第8個字。

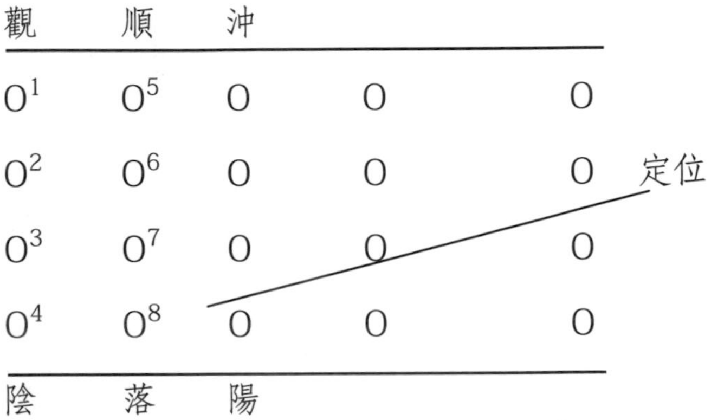
觀 順 沖
O1 O5 O O O
O2 O6 O O O 定位
O3 O7 O O O
O4 O8 O O O
陰 落 陽

10、來時

是指命主來求測的時間，也就是來的時辰。

這是一個代表外因的字，是外因取用的唯一，它有二個作用，一個作用是同出生時辰結合取字，然後同身位字比較，定命主的求測之意。

另一個作用是，在流年的字下起數取用，以及在暗字下起數取字，輔助參斷流年。

11、護衛字

是對身位起護衛作用的字，查法以身位下數出生時，如寅時出生，身位下數第三個字，就是護衛字，即暗字，但在用法上不一樣，它同命主的出生年月關係。

子年、丑年、寅年出生的，護衛字要先天後天一起看，其左右二個後天的字也一并參看。

卯年、辰年、巳年、午年出生的，只看護衛字左右二個後天的字。

未年、申年、酉年，戌年出生的，只看護衛字左右二個後天的字。

亥年出生的，參看觀下的字。

12、閏月的流年查法

在閏月出生的，排盤時，仍以正的月份排，如某年閏四月出生的，仍以四月排。而在推斷流年時遇到閏月，則是從年上起月，而不是年下起月，其餘不變。龍盤無閏月之說。

13、代表性別的字和關係

男性：以君、陽、日爲表示，吉、火爲替用之字，陽爲年歲大，君爲年歲小。
女性，以星、陰、月爲表示，水、清爲替用之字。陰爲年歲大，星爲年歲小。
君星是正配關係，陰陽爲正配關係，日月爲正配關係。
君陰，君月爲偏配關係，星陽，星日爲偏配關係，陽月，日陰，爲偏配關係。

14、流年爲七的整數時的查法

此法是當流年爲七的整數時，如7、14、21、28、35、49、56等，在鳳盤有二個查法，一個是整數查法，一個是餘數查法。

例35歲整數查法，就是在時位下起，直接查35歲，餘數查法，就是在時位起到28歲。然後29、30、31、32、33、34、35歲。

如下圖所示

觀	順	沖		
O	O	O^{31}	O^{35}	O
O 時	O^{28}	O^{32}	O	O
O	O_{35}^{29}	O^{33}	O	O
O	O^{30}	O^{34}	O	O
陰	落	陽		

在斷流年時，這二個年齡的字都要看。

這裏有一個特殊的年齡段，是49歲這個流年。

49即是7的7倍數，也是一個本命年，很多大的吉凶之事，尤其是凶煞之事，在這一年發生的概率很高，故查49歲流年的時候，有三個查法，除了上述二種，還有一個是時位下的字，這是一個很關鍵的字。

下圖所示

觀	順	沖	沖	順	觀
O	O	O	O^{49}		O^{47}
O	O 時	O	O^{44}		O^{48}
O	O^{49}	O	O^{45}		O^{49}
O	O	O^{42}	O^{46}		O
陰	落	陽	陽	落	陰

15、變盤看法

當流年字這一橫行讀卦不清的時候，可以變換字的位置讀卦。

如下圖所示（1）將主盤順下的字移到副盤順下去

觀	順	沖	沖	順	觀
O	O	O	O		O
O		O	O	O	O
O	O	O	O		O
O	O	O	O		O
陰	落	陽	陽	落	陰

如下圖所示（2）將流年這一行的最後一個字，移到前面去

	觀	順	沖	沖	順	觀
	O	O	O	O		O
	O	O	O	O		O
O	O	O	O	O		
	O	O	O	O		O
	陰	落	陽	陽	落	陰

16、六親關係分配

六親關係分配，主要是以二十個字的陰陽屬性，以及字的宮位論父母兄弟姐及子女的。以君、陽、日代表男性，吉、火爲替用，星、陰、月代表女性，水清爲替用。

如天宮出現陽、日字，爲父輩，陰、月爲母輩，身位爲命主本身，身位以下的命盤中底部出現的君、陽、日字爲兒子，星、陰、月字爲女兒。

如下例：龍命，1939年6月13日午時

觀	順	沖	沖	順	觀
10		19			
空	君	君	星		月
16		26			
吉	木	吉	陰		吉
13		16			
立	君	吉	水		陰
20		29			
空	君	君	平		君
陰	落	陽	陽	落	陰

天宮：空君君星月

第二個字君，是身位，是命主本人，第四個星，同命主的君是正配關係，又在夫妻宮，是命主的妻子，第五個月，是命主的母親，身位左邊是空，君空，命主的父親早亡。第三個君是在君星之間，是命主的兒子。

第二行：吉木吉陰吉，此第四個陰字，是命主的女兒

第三行，立君吉水陰

此第二個君是命主的兒子，第五個是陰，是命主的女兒，上一列的陰是長女，這一列的陰是次女，上下之分，大小之分。

第四行，空君君平君

此行的三個君，也是命主的兒子

命主有五個兒子、二個女兒。

17、八字合婚

男女合婚，必以八字相合，八字相合多者，則婚姻和合，相合少者，婚姻易出問題。七星術合八字，以男女二個命盤，龍盤觀下豎立四個字，龍盤沖下豎列四個字，以論生尅沖合，一般以相合在三到四個字，則爲平常的婚配，三個或三個字以下的，爲不好的婚配，四個或四個以上的，則爲好的婚配。

下圖所示

龍命：1969年 10月 21日申時

觀	順	沖	沖	順	觀
15		24			
行	君	合	土		合
18		40			
趙	趙	空	日		平
19		25			
君	火	行	月		行
30		39			
空	君	君	星		月
陰	落	陽	陽	落	陰

鳳命：1975年 6月 19日戌時

觀	順	沖	沖	順	觀
18		23			
趙	金	立	日		立
16		36			
吉	木	吉	陰		陰
17		24			
凶	金	合	陽		合
30		35			
空	行	行	星		土
陰	落	陽	陽	落	陰

龍命觀下豎列行是：行趙君空

鳳命觀下豎列行是：趙吉凶空

此四個字合配，行趙爲動，趙吉，好事動，君凶爲尅，空空，爲空。唯趙吉爲平象，餘三字爲動空。

龍盤沖下豎列行是：合空行君

鳳盤沖下竪列行是：立吉合行

此四個字合配：合立，爲生扶，空吉爲平，行合爲平，君行爲動，一生，二平，一動。

八個字合配狀況爲，一生，三平，三空，一動。

此婚姻相配的話，是一般以下的夫妻關係，即使不離婚，也是分開的時候多，相聚的時候少，不是很理想的婚配。

三、幾種特殊的命盤式

1、青龍命

是指男性而言，男性的命盤中，如果沒有星、陰、月三個代表女性字的其中一個字，就是青龍命。它主要是婚姻容易出問題，因爲它是純陽而不化。

例：龍命，1970年2月11日戌時

觀	順	沖[時]	沖	順	觀
18		11			
趙	君[時]	草	日		金
11		24			
草	行	合	金		合
13		20			
立	立	空	水		平
22		22			
清	合	清	清		清
陰	落	陽	陽	落	陰

2、白虎命

是指女性而言，女性的命盤中，如沒有君、陽、日三個代表男性字的其中一個字，就是白虎命，它主要是婚姻容易出問題。因爲它是純陰不生。

例：鳳命 1980年10月1日辰時

觀時	順	沖	沖	順	觀
13		13			
立	吉	立	水		水
5		16			
行	金	吉	行		陰
15		23			
行	趙	立	土		立
6		6			
吉	木	吉	吉時		吉
陰	落	陽	陽	落	陰

3、百分命盤

百分命盤，就是命盤中沒有空字，凶字出現，此種命一般不會有大的凶災。百分，也就是滿分的意思，然而，物極必反，沒有空字和凶字的命盤，并不是最好的命盤，它會有土關和木關。如一旦進入土關和木關，也會有不好的事發生。

例：百分命盤

龍命：農曆1971年11月1日戌時

觀	順	沖		
18		19		
趙	陽	君	日	月
12		23		
清	行	立	木	立
22		29		
清	金	君	清	君
12		13		
清	行	立	木	水
陰	落	陽		

4、掃帚星命

此種命是敗家蕩産的命，有敗夫家的，有敗妻家的，有敗父母家的，有敗子女家的，一般都不是好的命。

此種命是有規律的，比如男命：

申子辰年正月出生的

寅午戌年四月出生的

巳酉丑年六月出生的

亥卯未年二月出生的

又如女命：

申子辰年十二月出生的

寅午戌年七月出生的

巳酉丑年九月出生的

亥卯未年八月出生的

至於敗誰的家，還要看其出生的日子。人家裏有這樣的命主，是比較頭痛的，七星術對此有特別的化解方法，這裏暫且不表。

5、伏吟命盤

所謂伏吟，即重複出現的意思，鳳盤從上到下有四個横行，伏吟是這四個横行裏出現一樣的字行：

第一横行，第二横行相同

第一横行，第三横行相同

第一横行，第四横行相同

第二横行，第三横行相同

第二横行，第四横行相同

第三横行，第四横行相同

還有一種雙伏吟，即：

第一横行，第二横行相同

第三橫行，第四橫行相同

在這些組合中，有三種伏吟有其特殊性。

上下伏吟

即第一橫行，第四橫行相同，又稱爲天地相同，此種命是好命，一般都比較貴，但時位不能在空字或凶字上。

下圖所示

	行	O	O	行	
	合	O	O	合	
沖	立	O	O	立	陽
順	清	O	O	清	落
觀	草	O	O	草	陰

中尅伏吟

即第一橫行，第三橫行相同，或第二橫行，第四橫行相同。

這種組合爲大凶的命，如是女命，會尅丈夫，如是男命會尅妻子，又會有雙難出現，禍不單行。

下圖所示

觀	順	沖		
草	清	立	合	行
O	O	O	O	O
草	清	立	合	行
O	O	O	O	O
陰	落	陽		

觀	順	沖		
O	O	O	O	O
吉	凶	趙	君	星
O	O	O	O	O
吉	凶	趙	君	星
陰	落	陽		

雙合伏吟

即第一橫行，第二橫行相同，第三橫行，第四橫行相同，且這二種組合同時出現，此爲吉命，也是天地相合的命。

下圖所示

觀	順	沖		
草	清	立	合	行
草	清	立	合	行
陰	陽	日	月	平
陰	陽	日	月	平
陰	落	陽		

6、官上命盤式

官上之命盤，一般多見合、陽、日、陰、月、君之字，大致可分爲四類，即，上陽合下陽的官命式，小合官命式，大合官命式，君陰月中合官命式，下面以類分析

上陽合下陽的官命式

例：龍命 農曆1957年4月5日亥時

觀	順	沖		
17		24		
凶	金	合	陽	合
19		21		
君	星	草	月	草
16		21		
吉	凶	草	陰	草
17		24		
凶	金	合	陽	合
陰	落	陽		

此命，第一橫行上有〝合陽合〞第四橫行上也有〝合陽合〞上下合陽，陽爲官，雙合爲貴，表示有官位，但此類官命式，一般官位不會長久，或職務偏低。

小合官命式

例：龍命 農曆1957年4月3日亥時

觀	順	沖		
17		24		
凶	金	合	陽	合
19		19		
君	日	君	月	月
16		21		
吉	凶	草	陰	草
15		22		
行	凶	清	十	清
陰	落	陽		

此命盤中有陽見雙合，日月相合，雙君抱日，是爲順中之官，官位居中，如盤中另有吉行之字，則又有出國之家。

大合官命式

例：龍命 農曆1950年3月13日巳時

觀	順	沖		
11		11		
草	清	草	金	金
6		22		
吉	趙	清	吉	清
9		14		
君	水	合	君	火
19		19		
君	日	君	月	月
陰	落	陽		

此命盤出現雙君抱日，君上合，日月合，官位居中而長久，有的命盤會出現四君抱日，或雙合君日，則是官位居上。

君陰月中合官命式

例：龍命農曆1983年3月15日子時

觀	順	沖		
9		12		
君	金	清	君	木
4		19		
合	水	君	合	月
4		12		
合	吉	清	合	木
16		19		
吉	土	君	陰	月
陰	落	陽		

此命盤見君陰月，君陰雙合，君月合，月是官中，是明顯的官位特徵，君陰合是陰陽之合，見月，又爲官星之合，這種命盤的人，官位高，一生得志，富貴雙全。

7、傷殘人的命盤式

傷殘之命，有先天之殘疾，有後天之傷害。體現在命盤式上，是有其特定位置的。

男命，在先天君，陽、日的字位上，後天出現空凶的字，且在身體對應部位也出現空凶的字。

女命，在先天星、陰、月的字位上，後天出現空凶的字，且在身體對應部位也出現空凶的字。

也有先天君、陽、日、星、陰、月上，後天沒有出現空凶的，但在身體對應部位出現空凶的字，這是後天受傷殘的明顯信息。

下圖所示：這是一個左小手臂傷殘的命盤

觀	順	沖	沖	順	現
16		18			
吉	火	趙	陰		日
11		23			
草	合	立	金		立
10		17			
空	凶	凶	星		陽
22		24			
清	吉	合	清		合
陰	落	陽	陽	落	陰

四、字的交斷釋義

1、身位字釋義

草：爲生象，也爲行事草率
清：爲聰明，清貴
立：好動，想法多
合：有貪心，男命欲望更大
行：好動，不安穩
吉：喜好事，男人自私
凶：霸氣，豪爽
趙：倔强，强動，奔波
君：傲氣女人易有反復，男人爲正坐
星：女命爲正坐，男命爲奸詐

金：愛錢或有錢
木：喜多事，有錢，但爲病態
水：有錢，聰明，但水性楊花
火：有錢，性急，聰明
土：有錢，喜多事
陰：女人爲正坐，男人奸詐
陽：爭強好勝，女人易有反性，男人爲正坐
日：正人君子

2、身位字與坐下字的交斷釋義

身位字，是全盤中最重要的一個字，身位下面的字，叫坐下字。身位在上，它在下，此是坐與被坐的關係，也是照應的關係，相互生成相互作用。這二個字的交斷，可看一個人的內心，看一個人所要經歷的事情，也可以論夫妻關係，參悟透了，對定一個命局能起關鍵的作用。

（一）身位是草

草下草：草在草上草爲穩

草下清：草得清水爲茂盛

草下立：草在立上爲穩定

草下合：草在合上也得生

草下行：草在行上有動象

草下吉：草在吉上爲生中

草下凶：草在凶上爲枯中

草下趙：草在趙上尅意重

草下君：草在君上貴人扶

草下星：草在星上夜不生

草下金：草在金上草必枯

草下木：草在木上草爲平

草下水：草在水中草漂浮

草下火：草在火上有光明
草下土：草在土上也爲穩
草下陰：草在陰上枯不生
草下陽：草在陽上草爲枯
草下日：草在日上草得明
草下空：草在空上草爲落

（二）身位清

清下草：清在草上爲清中
清下清：清在清上爲多情
清下立：清在立上爲清正
清下合：清在合上也穩妥
清下行：清在行上是動象
清下吉：清在吉上有喜事

清下凶：清在凶上清難清
清下趙：清在趙上路坎坷
清下君：清在君上貴人助
清下星：清在星上事不明
清下金：清在金上明智財
清下木：清在木上事無助
清下水：清在水上清而旺
清下火：清在火上有尅意
清下土：清在土上爲池水
清下陰：清在陰上暗中情
清下陽：清在陽上有小尅
清下日：清在日上有貴象
清下空：清在空上情落空

（三）身位立

立下草：立在草上立初始

立下清：立在清上爲清靜

立下立：立在立上事爲穩

立下合：立在合上貴人助

立下行：立在行上有動意

立下吉：立在吉上事有喜

立下凶：立在凶上有凶尅

立下趙：立在趙上路難行

立下君：立在君上貴人助

立下星：立在星上事不明

立下金：立在金上財運旺

立下木：立在木上爲孤獨

立下水：立在水上恐有險

立下火：立在火上有急事
立下土：立在土上爲穩中
立下陰：立在陰上立不明
立下陽：立在陽上光明順
立下日：立在日上爲吉星
立下空：立在空上事無成

（四）身位合字

合下草：合在草上事不穩
合下清：合在清上是清貴
合下立：合在立上立貴人
合下合：合在合上貴人多
合下行：合在行上合夥動
合下吉：合在吉上合爲喜

合下凶：合在凶上事受挫
合下趙：合在趙上路不平
合下君：合在君上貴人助
合下星：合在星上合不明
合下金：合在金上合財旺
合下木：合在木上合不順
合下水：合在水上爲合情
合下火：合在火上合有急
合下土：合在土上事穩成
合下陰：合在陰上女人來
合下陽：合在陽上路好走
合下日：合在日上事事順
合下空：合在空上難有合

（五）身位行字

行下草：行在草上草率行
行下清：行在清上路途正
行下立：行在立上動能穩
行下合：行在合上有人助
行下行：行在行上犯走星
行下吉：行在吉上順事多
行下凶：行在凶上路多難
行下趙：行在趙上艱難路
行下君：行在君上有貴人
行下星：行在星上走夜中
行下金：行在金上外求財
行下木：行在木上走橋中
行下水：行在水上要小心

行下火：行在火上常急事
行下土：行在土上穩中路
行下陰：行在陰上路不明
行下陽：行在陽上陽光路
行下日：行在日上萬里明
行下空：行在空上有陷井

（六）身位吉字

吉下草：吉在草上吉尚淺
吉下清：吉在清上喜事明
吉下立：吉在立上好事穩
吉下合：吉在合上貴人幫
吉下行：吉在行上爲順暢
吉下吉：吉在吉上喜上喜

吉下凶：吉在凶上吉變平
吉下趙：吉在趙上難成事
吉下君：吉在君上貴人助
吉下星：吉在星上吉不明
吉下金：吉在金上吉財旺
吉下木：吉在木上吉不穩
吉下水：吉在水上人多情
吉下火：吉在火上小麻煩
吉下土：吉在土上穩而成
吉下陰：吉在陰上慎重選
吉下陽：吉在陽上喜慶事
吉下日：吉在日上更光明
吉下空：吉在空上喜事空

（七）身位凶字

凶下草：凶在草上凶不重

凶下清：凶在清上有小凶

凶下立：凶在立上凶事大

凶下合：凶在合上凶化去

凶下行：凶在行上坎坷路

凶下吉：凶在吉上凶不起

凶下凶：凶在凶上凶更凶

凶下趙：凶在趙上有災難

凶下君：凶在君上凶意小

凶下星：凶在星上暗中凶

凶下金：凶在金上凶變禍

凶下木：凶在木上凶不長

凶下水：凶在水上水化凶

凶下火：凶在火上凶來急
凶下土：凶在土上土解凶
凶下陰：凶在陰上凶氣重
凶下陽：凶在陽上凶緩解
凶下日：凶在日上凶事解
凶下空：凶在空上凶也空

（八）身位趙字

趙下草：趙在草上難不深
趙下清：趙在清上難可緩
趙下立：趙在立上坎坷行
趙下合：趙在合上平坦路
趙下行：趙在行上强行動
趙下吉：趙在吉上能成功

趙下凶：趙在凶上動有凶
趙下趙：趙在趙上路難行
趙下君：趙在君上難有緩
趙下星：趙在星上夜中行
趙下金：趙在金上灾禍多
趙下木：趙在木上獨木橋
趙下水：趙在水上坎坷路
趙下火：趙在火上小凶險
趙下土：趙在土上路有平
趙下陰：趙在陰上逃難路
趙下陽：趙在陽上難也成
趙下日：趙在日上趙無形
趙下空：趙在空上難也凶

（九）身位君字

君下草：君在草上草率君

君下清：君在清上是清君

君下立：君在立上男立業

君下合：君在合上貴人幫

君下行：君在行上事未成

君下吉：君在吉上喜事成

君下凶：君在凶上君有險

君下趙：君在趙上艱難路

君下君：君在君上有爭議

君下星：君在星上天地配

君下金：君在金上財如命

君下木：君在木上孤獨人

君下水：君在水上情財多

君下火：君在火上性情急
君下土：君在土上情穩定
君下陰：君在陰上否合情
君下陽：君在陽上立明中
君下日：君在日上吉星照
君下空：君在空上有陷阱

（十）身位星字

星下草：夜色初起也不明
星下清：星在清上星爲影
星下立：星在立上有好事
星下合：星在合上有人助
星下行：星在行上夜深沉
星下吉：星在吉上有希望

星下凶：星在凶上暗也險
星下趙：星在趙上夜艱難
星下君：星在君上有夫助
星下星：星在星上爲深夜
星下金：星在金上暗有財
星下木：星在木上爲險中
星下水：星在水上星爲影
星下火：星在火上有光明
星下土：星在土上星爲穩
星下陰：星在陰上更不明
星下陽：星在陽上天地明
星下日：星在日上天地明
星下空：星在空上星有空

（十一）身位金字

金下草：金在草上金無助

金下清：金在清上順金生

金下立：金在立上財為穩

金下合：金在合上財運旺

金下行：金在行上外求財

金下吉：金在吉上財運通

金下凶：金在凶上要破財

金下趙：金在趙上求財難

金下君：金在君上君助財

金下星：金在星上暗求財

金下金：金在金上錢更多

金下木：金在木上財受尅

金下水：金在水上財動旺

金下火：金在火上要破財
金下土：金在土上財源足
金下陰：金在陰上財不明
金下陽：金在陽上財路廣
金下日：金在日上貴中財
金下空：金在空上必無財

（十二）身位木字

木下草：木在草上爲相助
木下清：木在清上木茂盛
木下立：木在立上看左右
木下合：木在合上木不枯
木下行：木在行上獨木橋
木下吉：木在吉上爲生中

木下凶：木在凶上凶尅木
木下趙：木在趙上行進難
木下君：木在君上君相助
木下星：木在星上夜中木
木下金：木在金上被金尅
木下木：木在木上相互助
木下水：木在水上木茂盛
木下火：木在火上自身泄
木下土：木在土上爲枯中
木下陰：木在陰上爲不生
木下陽：木在陽上有生尅
木下日：木在日上有光明
木下空：木在空上爲枯木

（十三）身位水字

水下草：水在草上泄自身
水下清：水在清上水勢盛
水下立：水在立上必生情
水下合：水在合上有喜事
水下行：水在行上小心行
水下吉：水在吉上情有喜
水下凶：水在凶上情被傷
水下趙：水在趙上情艱難
水下君：水在君上多財情
水下星：水在星上夜中情
水下金：水在金上財源廣
水下木：水在木上泄情水
水下水：水在水上情爲患

水下火：水在火上兩難情
水下土：水在土上情爲空
水下陰：水在陰上桃花來
水下陽：水在陽上水受尅
水下日：水在日上情生貴
水下空：水在空上落陷阱

（十四）身位火字

火下草：火在草上爲生中
火下清：火在清上有小尅
火下立：火在立上有急事
火下合：火在合上仔細評
火下行：火在行上急中動
火下吉：火在吉上有喜事

火下凶：火在凶上出凶禍
火下趙：火在趙上急難中
火下君：火在君上火爲穩
火下星：火在星上伴火明
火下金：火在金上破財象
火下木：火在木上得生助
火下水：火在水上難相容
火下火：火在火上火相伴
火下土：火在土上减火情
火下陰：火在陰上陰遮火
火下陽：火在陽上爲旺火
火下日：火在日上放光明
火下空：火在空上事難成

（十五）身位土字

土下草：土在草上土有尅
土下清：土在清上土潤澤
土下立：土在立上爲穩定
土下合：土在合上成功事
土下行：土在行上穩中動
土下吉：土在吉上穩中成
土下凶：土在凶上土有險
土下趙：土在趙上難穩定
土下君：土在君上土更穩
土下星：土在星上事不明
土下金：土在金上穩得財
土下木：土在木上土受尅
土下水：土在水上土濕寒

土下火：土在火上爲生助
土下土：土在土上更穩實
土下陰：土在陰上暗中路
土下陽：土在陽上爲生中
土下日：土在日上有貴助
土下空：土在落上都落空

（十六）身位陰字

陰下草：陰在草上陰初起
陰下清：陰在清上爲清明
陰下立：陰在立上女人立
陰下合：陰在合上陰有情
陰下行：陰在行上不明動
陰下吉：陰在吉上女人吉

陰下凶：陰在凶上不明凶
陰下趙：陰在趙上逃難意
陰下君：陰在君上爲否合
陰下星：陰在星上爲姐妹
陰下金：陰在金上不明財
陰下木：陰在木上暗中險
陰下水：陰在水上桃花女
陰下火：陰在火上病不明
陰下土：陰在土上妻星穩
陰下陰：陰在陰上更不明
陰下陽：陰在陽上夫妻和
陰下日：陰在日上可爲晴
陽下空；陰在空上女有病

（十七）身位陽字

陽下草：陽在草上陽不穩
陽下清：陽在清上有小尅
陽下立：陽在立上陽氣起
陽下合：陽在合上事順暢
陽下行：陽在行上辦事成
陽下吉：陽在吉上多成功
陽下凶：陽在凶上陽有尅
陽下趙：陽在趙上也難行
陽下君：陽在君上吉星照
陽下星：陽在星上天地否
陽下金：陽在金上男有財
陽下木：陽在木上路難行
陽下水：陽在水上男有情

陽下火：陽在火上爲沖旺
陽下土：陽在土上穩定行
陽下陰：陽在陰上天地配
陽下陽：陽在陽上爲兄弟
陽下日：陽在日上多貴氣
陽下空：陽在空上事難成

（十八）身位日字

日下草：日在草上日初升
日下清：日在清上爲清貴
日下立：日在立上事多成
日下合：日在合上多貴氣
日下行：日在行上助日動
日下吉：日在吉上好事多

日下凶：日在凶上貴有傷
日下趙：日在趙上也坎坷
日下君：日在君上貴相助
日下星：日在星上也否合
日下金：日在金上光有財
日下木：日在木上也孤獨
日下水：日在水上也多情
日下火：日在火上火助日
日下土：日在土上貴也穩
日下陰：日在陰上難遮日
日下陽：日陽還爲兄弟情
日下日：雙日相連貴中貴
日下空：日在空上日不空

（十九）身位空字

空下草：空在草上爲初空

空下清：空在清上小解空

空下立：空在立上空有緩

空下合：空在合上也有成

空下行：空在行上空空走

空下吉：空在吉上路可行

空下凶：空在凶上有大難

空下趙：空在趙上空也凶

空下君：空在君上君承重

空下星：空在星上空不明

空下金：空在金上恐有險

空下木：空在木上無人助

空下水：空在水上有薄情

空下火：空在火上火不旺
空下土：空在土上可穩定
空下陰：空在陰上難事多
空下陽：空在陽上還有助
空下日：空在日上有光明
空下空：空在空上事事空

3、鳳盤先後天二字交斷

鳳盤的先天，是一個固定的盤式，其後天盤是以出生的年月日時變化組合的盤式。當後天命盤成立時，其先後天的體用關係同時成立。這個體用關係主要是應用在流年決斷上。

草

草——空：先草後空是病象

草——草：草草相助爲旺象
草——清：先草後清爲生中，求事可成
草——立：先草後立是穩象
草——合：先草後合是旺象
草——行：先草後行，草率之行，動象
草——吉：先草後吉，是生象
草——凶：先草後凶，自身有尅
草——趙：先草後趙，强動之象
草——君：先草後君，是事業象，有爭相

清：

清——空：先清後空，有陷阱，小心做事
清——草：先清後草，生象，助力關係
清——清：雙清爲穩

清——立：先清後立，立在池中小心做事
清——合，先清後合，立於櫈中
清——行：先清後行，小有動意
清——吉：先清後吉，有好事
清——凶：先清後凶，小有尅
清——趙：先清後趙，動意大
清——君：（1）求官位清中往上走艱難
（2）求事業有希望
清——星：先清後星，池中影
清——金：先清後金，助力大
清——木：先清後木是生象
清——水：先清後水是旺象
清——火：先清後火，是急象，尅象
清——土：先清後土，暗中陷阱小心

清——陰：先清後陰是病象
清——陽：先清後陽有生尅
清——日：先清後日，生合關係

立：
立——空：先立後空，求事不成
立——草：先立後草，站的穩
立——清：先立後清，弱中事，求事艱難
立——立：雙立穩中事
立——合：立合雙成事
立——行：不該有動意
立——吉：先立後吉喜事多
立——凶：先立後凶有尅意
立——趙：先立後趙，艱難，不該有動意

立——君：先立後君事相成

合：

合——草：先合後草有好事

合——清：先合後清，是明瞭之意

合——立：先合後立，求事有成功之意

合——合：好事可成，壞事入尅

合——行：先合後行，不該動

合——吉：先合後吉，事能成

合——凶：先合後凶，有好，也有壞

合——趙：先合後趙，强動之意

合——君：先合後君，貴人相助

合——星：有三種之意，1病2夜3女人

合——金：先合後金，想求財

合——木：先合後木，是枯意，也有生意
合——水：有三種之意1合情，2合財，3病
合——火：1多人的意思，2求事快捷的意思
合——土：先合後土是穩象，也是入墓之象
合——陰：先合後陰，是病象
合——陽：先合後陽，有貴人助，也有官司象
合——日：先合後日貴人助
合——月：先合後月是夜中，也爲女人
合——平：穩事

行：
行——草：先行後草是弱中
行——清：先行後清有阻礙，不能動
行——立：先行後立，不能有動意

行——合：先行後合事能成

行——行：雙行出現，有强動之意

行——吉：先行後吉，想好事

行——凶：先行後凶，有尅意

行——趙：先行後趙又有動

行——君：先行後君行在貴中

行——星：先行後星路不明，也有求女人的意思，1求幫忙，2求婚

行——金：先行後金是求財

行——木：先行後木橋中事

行——水：先行後水有阻礙

行——火：先行後火急於求成

行——土：先行後土爲穩象

行——陰：先行後陰病事多1病中，2夜中

行——陽：先行後陽1求事無可成，2有災

行——日：先行後日貴氣動
行——月：先行後月1是夜中，2是女人
行——平：先行後平是穩象

吉：
吉——空：先吉後空，一事無成
吉——草：先吉後草是旺象
吉——清：先吉後清是穩象
吉——立：先吉後立馬到成功
吉——合：先吉後合，有合夥之意，又有成功之意
吉——行：先吉後行，是動象，有投資之意
吉——吉：雙吉出現喜事多
吉——凶：先吉後凶爲平中
吉——趙：先吉後趙，好事有動
吉——君：先吉後君，好事多

凶：

凶——空：先凶後空，尅意大，出事就麻煩

凶——草：先凶後草，病中車

凶——清：先凶後清無尅意

凶——立：先凶後立1凶勢減弱2很難躲開凶灾

凶——合：先凶後合1凶勢減弱2凶灾難躲

凶——行：先凶後行，有動就有尅，不該動

凶——吉：先凶後吉，無尅意

凶——凶：雙凶出現尅意大

凶——趙：先凶後趙，小心車禍

凶——君：先凶後君，君受尅防小人

凶——星：先凶後星，病中事，或爲夜中

凶——金：先凶後金要失財

凶——木：先凶後木是病態

凶——水：先凶後水1感情受尅，2財受尅

凶——火：先凶後火，急事多

凶——土：先凶後土是穩象

凶——陰：先凶後陰，是重病之象

凶——陽：先凶後陽，官事多

凶——日：先凶後日，貴人助

趙：

趙——空：先趙後空艱難之路

趙——草：先趙後草，弱中之象

趙——清：先趙後清不做事

趙——立：先趙後立，不該有動意

趙——合：先趙後合，多人合夥之意

趙——行：先趙後行，有强動之意

趙——吉：先趙後吉，求事艱難
趙——凶：先趙後凶，尅意大
趙——趙：雙趙出現是難中，也有强動之意
趙——君：先趙後君，求貴人相助

君：

君——空：先君後空是尅象
君——草：先君後草是弱象
君——清：先君後清無動意
君——立：先君後立成事多
君——合：先君後合必有貴人助
君——行：先君後行，小有動意
君——吉：先君後吉，喜事多
君——凶：先君後凶有尅意

君——趙：先君後趙是艱難之動
君——君：雙君出現有爭議
君——星：君星出現天地配
君——金：先君後金財可得
君——木：先君後木是枯象
君——水：先君後水有情也有財
君——火：先君後火1有急事，2合夥求財，3求伴
君——土：先君後土1穩象，2有入墓之象
君——陰：先君後陰病態多，也有求婚之象
君——陽：先君後陽1求貴人辦事，2有官司
君——日：君日出現貴象生
君——月：先君後月1夜中，2女人
君——平：穩象

星：

星——空：先星後空，是陷阱，尅象

星——草：先星後草，爲不旺，夜中草

星——清：先星後清，池中影

星——立：先星後立，求事有難度，但可以成

星——合：先星後合1找伴侶，2合夥

星——行：先星後行，有動意在夜中

星——吉：先星後吉，想求好事

星——凶：先星後凶，夜中尅，尅意大，少出門

星——趙：先星後趙是尅象，夜中動

星——君：星君出現天地合

星——星：雙星出現爲夜中

星——金：先星後金想求財

星——木：先星後木，尅意大

星——水：星水相見，影中影

星——火：星火相見立明中

星——土：先星後土1重病之意，2有入墓之意

星——陰：先星後陰，求事困難也爲病中

星——陽：星陽相見是否象

星——日：星日相見，有貴也有否

星——月：先星後月，夜中明

星——平：星平相見無大事

金：

金——空：先金後空，小心財空

金——草：先金後草，小有剋身之象

金——清：金清相見，金泄氣

金——立：先金後立，財運旺

金——合：先金後合，財運好
金——行：先金後行，有求財之意，不該動
金——吉：金吉之年不損財
金——凶：先金後凶，1有禍事，2車禍，3損財
金——趙：先金後趙1求財難，2車禍
金——君：金君求財，財可得

木：
木——空：先木後空，1病態，2損財
木——草：草木相見有助力
木——清：先木後清是旺象
木——立：先木後立是穩象
木——合：先木後合1合夥，2發財之意
木——行：先木後行，橋木之行，險路

木——吉：先木後吉，無難事
木——凶：先木後凶是枯象，病態
木——趙：先木後趙，獨木橋，艱難之路
木——君：先木後君，君有險情
木——星：先木後星，病象
木——金：先木後金尅意大1身體，2損財
木——木：雙木出現爲有中
木——水：木水相見是生象
木——火：木火相見是生象
木——土：木土相見尅意大
木——陰：先木後陰爲不生，也爲病中
木——陽：先木後陽爲生象
木——日：先木後日爲生象

水：

水——空：先水後空，情空，財空

水——草：先水後草1生相，2漂浮之意

水——清：水清相見有助力，發大財，也有水災

水——立：先水後立是穩象

水——合：水上合，財多情也多

水——行：先水後行，是險路

水——吉：先水後吉，財喜之事爲成中

水——凶：先水後凶無尅意

水——趙：先水後趙，求財求事麻煩大

水——君：先水後君，情意多，也有求財之象

火：

火——草：先火後草爲生相

火——清：火清相見有小尅
火——立：先火後立，急於求成
火——合：先火後合，1合夥，2伴侶
火——行：先火後行，動意急
火——吉：先火後吉，成事快捷
火——凶：先火後凶，必有尅意
火——趙：先火後趙，有急事强動
火——君：先火後君，是明象關係
火——星：先火後星，是明象關係
火——金：先火後金，是尅財
火——木：先火後木是生象
火——水：火水相見有尅意
火——火：雙火出現事爲急
火——土：先火後土財有生

火——陰：先火後陰，是明暗之意，也是病有好轉之意

火——陽：先火後陽，是官司象

火——日：先火後日，是明中

火——月：火月相見爲明象

火——平：穩象

土：

土——草：先土後草爲枯象

土——清：先土後清爲池中

土——立：先土後立是穩中

土——合：先土後合是穩象，流年也有入墓之象

土——行：先土後行，有動意

土——吉：先土後吉是穩象

土——凶：先土後凶無大尅

土——趙：先土後趙，有强動之意
土——君：先土後君，不遇木年無尅意
土——星：先土後星1穩，2否象
土——金：先土後金是生象，但泄氣
土——木：土木相見有尅意
土——水：土水相見有尅意
土——火：土火相見是旺象
土——土：雙土為穩象
土——陰：先土後陰，如流年走木是尅象
土——陽：先土後陽，合意大
土——日：土見日字，貴為生中
土——月：先土後月，有合也有否
土——平：是穩象
陰：

陰——空：先陰後空亂事多，有生離死別之意

陰——草：先陰後草爲病態

陰——清：先陰後清是弱中

陰——立：先陰後立，求事難成

陰——合：先陰後合，1有病轉好，2求事可成

陰——行：先陰後行，有險路

陰——吉：先陰後吉，是想好事

陰——凶：先陰後凶，是暗中之凶

陰——趙：先陰後趙，走在艱難之中

陰——君：先陰後君，是病象

陽：

陽——空：先陽後空，做事艱難

陽——草：先陽後草，小有冠意，大致平穩

陽——清：先陽後清，小有尅意

陽——立：先陽後立，立事業，立官事，立官司

陽——合：先陽後合是好事，平穩

陽——行：先陽後行有動意

陽——吉：先陽後吉好事多

陽——凶：先陽後凶有急事尅

陽——趙：先陽後趙，有爭鬥之意

陽——君：有事業好的象，也有爭鬥之意

陽——星：先陽後星是否象

陽——金：先陽後金，白天求財可得

陽——木：先陽後木爲生象

陽——水：先陽後水有尅意，也有感情衝突之意

陽——火：先陽後火爲急象1求財快捷能成，2事無成

陽——土：先陽後土是合象

陽——陰：陽陰相見是合象

陽——陽：雙陽出現官司多

陽——日：陽日出現貴人助

日：

日——空：先日後空無貴人

日——草：先日後草爲生象

日——清：先日後清1池中影，2穩

日——立：先日後立貴人助

日——合：先日後合，萬事成

日——行：先日後行，有小動意

日——吉：先日後吉是貴象

日——凶：先日後凶是短暫之凶

日——趙：先日後趙，有強動之意，雖然艱難，但能成功

日——君：日君相見，有貴人相助

月：

月——草：先月後草爲弱象

月——清：先月後清，水中月

月——立：先月後立爲好事

月——合：先月後合爲好事

月——行：先月後行，女人有動

月——吉：先月後吉，女人有喜事

月——凶：先月後凶，女人有尅意，夜中尅

月——趙：先月後趙，三人月下艱難行

月——君：先月後君，是否象

月——星：先月後星爲夜中

月——金：先月後金爲旺象，求財可得

月——木：先月後木爲枯象，是病態

月——水：先月後水爲水中月

月——火：先月後火爲明象

月——土：月土爲天地關係，也有否象

月——陰：先月後陰，爲不明之象

月——陽：先月後陽，是否象之合

月——日：日月爲明，天地合

月——月：雙月爲朋，社會關係好

月——平：是穩象

平：

平——草：爲穩

平——清：爲穩

平——立：求事可成

平——合：爲穩

平——行：有小動意

平——吉：有喜事

平——凶：有小尅意

平——趙：有小動意

平——君：君在穩中

平——星：女人在穩中

平——金：錢財平穩

平——木：爲穩

平——水：爲穩

平——火：爲穩

平——土：爲穩

平——陰：有病轉好

平——陽：爲穩

平——日：爲穩

平——月：爲穩

平——平：爲穩

4、龍盤與鳳盤相鄰兩字交斷

龍盤上下六個字，各與鳳盤天地宮的字相鄰，此相鄰兩字的交斷，是推斷命卦的關鍵之一。

以龍盤字爲主體，配鳳盤字以交斷

（一）陰

陰上草：爲不生，枯草爲病態，女人有病

陰上清：爲女人，爲好事，也有掉池塘之意

陰上立：爲穩象，也有不明之意，求偶有望

陰上合：合爲貴，暗中有相助

陰上行：有動意，女人有離家出走之意
陰上吉：女人求事有望
陰上凶：女人有禍，看不見的凶險
陰上趙：坎坷之途，求事艱難
陰上君：自身求事不明，女人有意外的戀情
陰上星：爲病中
陰上金：爲不明之財
陰上木：爲不生，孤木落險，險而不明
陰上水：水爲情，爲桃花
陰上火：有急事，妻子有病也爲不明
陰上土：忠厚老實，也爲走夜路
陰上陰：陰爲伍，必是病
陰上陽：陰陽天地配，爲夫妻關係
陰上日：也爲夫妻關係

陰上月：爲不明，曖昧之意
陰上平：平穩
陰上空：是女命爲自身空，有逃走死亡之兆，是男命則妻有難

（二）觀

觀下草：爲弱小。草率之意，凡事要小心
觀下清：謹慎行事，可以成功
觀下立：要熟思而動，小心立之
觀下合：有貴人相助，辦事順利
觀下行：有動意需三思
觀下吉：有貴人助，好事臨
觀下凶：有凶禍要謹慎
觀下趙：想動與不想動之間難下決斷
觀下君：男命爲自身，謹慎行事

觀下星：爲夜中不明，女命爲自身，要小心
觀下金：求財需慎重
觀下木：獨木力不支，艱難之象
觀下水：有財，有情，小心求之
觀下火：爲火急之事，小心行事
觀下土：爲穩
觀下陰：會有不測之災，觀望行事
觀下陽：明朗之途
觀下日：日在天宮，爲太陽星照命吉利之象
觀下月：夜中之事，女命慎重行事
觀下平：爲穩，平和
觀下空：有陷阱，辦事不利

（三）順

順下草：順中，生中關係

順下清：穩當，事清而有成

順下立：穩立，無阻礙

順下合：穩定成功之象

順下行：路途平坦

順下吉：好事、喜事

順下凶：有凶事出現，雖能化險也有損失

順下趙：有坎坷，終會有成

順下君：求事順當，有成功之象

順下星：辦事順利，也有不明之意

順下金：求財有望

順下木：有財象，也是病象

順下水：順暢之水，情感豐富

順下火：有急事，也爲財，財來的快
順下土：爲財，也是老實人
順下陰：前途不明
順下陽：有官位，上升順暢之意
順下日：順而貴，吉星高照
順下空：事事皆空，一無所有

（四）沖

沖下草：微弱
沖下清：混濁不清，小的水災，也有逃亡之象
沖下立：事能沖好，也能沖壞
沖下合：貴人難幫助
沖下行：沖行相遇要小心，事發急
沖下吉：好事難成

沖下凶：沖凶相遇爲火急，小凶可解，大凶更凶
沖下趙：辦事艱難
沖下君：辦事不順，男人職位不穩
沖下星：女人受沖人黑夜
沖下金：沖金相遇，要破財也有禍事
沖下木：木逢沖必動，旺木動尅土，枯木被沖傷害
沖下水：水逢沖必流，水動尅火，感情有尅
沖下火：火逢沖則動，逢沖必剋，事有火急
沖下土：土逢沖必動，土動尅水，財不穩
沖下陰：女人受不明之沖，一事無成
沖下陽：太陽星衝動，辦事不順
沖下日：貴氣受沖，辦事受阻
沖下月：貴氣受沖，會有傷害
沖下平：無吉凶

沖下空：空爲陷阱，沖落危險

（五）陽

陽上草：初生遇水旺，無水枯

陽上清：小尅，也有明亮的意思

陽上立：辦事能成

陽上合：合來貴人，好事多

陽上行：陽動爲吉

陽上吉：男人有喜事，光明吉祥

陽上凶：有小尅，男人有凶

陽上趙：有坎坷之意

陽上君：求事，求官有成功的可能

陽上星：陽星天地否象，辦事受阻

陽上金：男人旺財

陽上木：有水爲生，無水爲死
陽上水：男人有情，有財
陽上火：男人有急事
陽上土：天地關係，穩象
陽上陰：陽陰天地配，求婚能成，求事順利
陽上陽：雙陽相會，爲兄弟關係，求事可成
陽上日：也爲兄弟關係，求事順利
陽上月：爲夫妻關係，但也是否合關係
陽上平：穩象
陽上空：男爲自身空，對己不利，女爲丈夫空

（六）落

落上草：草落爲枯，有死亡之象
落上清：有水災之厄

落上立：立事無成之意
落上合：貴人落，事無成，也會因合而落
落上行，坎坷之路
落上吉：喜事無成，好事落空
落上凶：大凶大尅之象
落上趙：坎坷之路，有凶尅
落上君：求事無望，男人有災
落上星：男人有不明之尅，女人有掉落之危險
落上金：破財之象
落上木：枯木，死亡之象
落上水：有水中之災，也有破財
落上火：有急事，會出大麻煩的事
落上土：爲穩
落上陰：不明之落，有災禍，女人更是有災難

落上陽：求事艱難中，男人有落險之凶
落上日：大陽日落西山，雖有凶險，但無大礙
落上空：空在落上，有死亡的凶災

5、五行之字的特定釋義

五行之字，即金、木、水、火、土。它們代表著萬物的屬性，身體部位的屬性，也代表著財和病。

既代表著屬性，也就各有其象，盤中配上不同的字，就變成了不同的象，比如：

金：爲財，於身體爲肺部
立金：爲山，爲求財之金，但不一定能得到
吉金：做事化錢
合金：庫中金，也表示摳
趙金：動象之金，車輛

行金：求財之金
凶金：爲破財
君金：爲男人財
星金：爲女人財
草金：爲病象
木：爲財，於身體爲肝臟
清木：爲生中，爲旺象
草木：林中之木，旺象
水木：爲橋
土木：枯、尅象
金木：損財、枯象病
行木：橋上行
趙木：獨木橋，尅象
凶木：爲枯象，破財

陰木：爲枯象，爲病

木平：不生火

水：爲財，爲情，於身體爲腎臟

立水：
合水：
　　爲靜水，多以看作財

吉水：是動水，多以看作感情

吉水火：感情破裂

行水：爲動水

星水：爲滴水

陰趙水：爲混水，凶

火土水：尅象

火：爲財，於身體爲心臟
凶火：危急
吉火：穩中火
趙行火：烈火，凶
草木火：生中火
金火：尅財
土：爲財、爲庫，於身體爲胃部
合土、立土：爲穩土，行事平穩踏實
行陰趙土：爲動土，是尅象，凶
陰趙木土：爲棺木之土，大凶
空土：破財，一無所有
凶土：尅財，破敗

五、命盤的面上分析

將一個八字組合成盤後：

找出龍盤和鳳盤的時位

找出龍盤和鳳盤的流年

確定求測者來的時辰

1、對命盤的審視

一）對天地宮的分析，看其財運，婚姻、貴賤

二）對身位和時位的分析，看其性格，行爲，動向

三）對夫妻宮的分析，看其夫妻關係的沖合

四）對子女宮的分析，看其子女的狀況

五）對父母宮的分析，看其父母的吉凶

六）對五行之字的分析，看其身體狀況及財運

七）對流年字的分析，看其流年的狀況

八）對歲年字的分析，看其對流年的生尅

2、定出動和靜

分析其流年時，先要定出流年的動和靜。流年的動和靜，決定了事情的行或不可行，成或不成。

動和靜，在流年，歲年的先後天字中取，有行趙的爲動卦，無行趙的爲靜卦，列表如下：

自身	外界	結果
靜卦	動卦	別人來找自己
動卦	靜卦	自己去找別人
靜卦	靜卦	沒有變化
動卦	動卦	合作關係

靜（動）卦　靜（動）卦　二者分主次，動字多主動，靜字多主靜

卦例1：龍命農曆1978年4月12日寅時　36歲

觀	順	沖		
10		18		
空	趙 36	趙	星	日
11		19		
草	星	君	金	月
7		14		
凶	金	合	凶	火 時
15		23		
行	趙	立	土	立
陰	落	陽		

36歲，流年在身位趙字，先天是清字，歲年36，減去20，餘數16，是個陰字，後天透出是個行字，出生寅時，流年下數第三個字，是個趙字，先天是個陽字。

流年——清趙
歲年——陰行
出生時——陽趙
這是一個動卦盤
此命盤，流年，歲年的後天卦盤上透出趙行趙，都是動字，故此爲動卦盤。

卦例2：鳳命，農曆1982年6月7日戌時　32歲

觀	順	沖時		
19		21		
君	星	草	月	草
13		24		
立	凶	合	水	合
17		25		
戌時凶	木	行	陽	行
18		20		
時趙	趙	空 32	日	平
陰	落	陽 32		

32歲，流年在空字上，先天是個日字，戌時出生，在凶字上，先天是個金字。

歲年32，減去20，餘數12，先天第12個字是木字，後天透出也是個木字。

流年——日空

歲年——木木　　靜卦盤

出生時——金凶

此命盤，流年，歲年的後天卦盤上透出的是空、木、凶，沒有動字，故此爲靜卦盤。

3、大運推斷法

七星術的命盤，以一個甲子60年，分列爲四個卦行，每個卦行管15年。結合龍鳳盤的二個時位，直接讀卦分析。大運的推斷，實際就是對一個命盤整體走勢的審視和分析，在哪個時間段有生旺，哪個時間段有凶尅，哪個時間段成家立業等等。然後，定流年，取卦象，推定吉凶之事應在某年、某月、某日，是什麼原因，什麼狀況，什麼結果。

例（1）鳳命，農曆1968年2月20日午時

觀	順[時]	沖		
13		21		
立	合	草[時]	水	草
15		29		
行	火	君	土	君
9		15		
君	火	行	君	土
27		35		
凶	木	行	凶	土
陰	落	陽		

分析：

1、龍盤時位在順字上，表示此命外部環境比較好。

2、鳳盤時位在草字，沖下草，表示此命做事易衝動，思慮不足。

3、鳳盤身位是合字，表示此命欲望大，坐下是火字，此命會有急尅之事發生。

4、鳳盤第一橫行（卦）：立合草水草

立合，說明此命喜歡與人合作做事

草水草，雙草見水爲生旺，此命初運不錯，比較順

鳳盤第二橫行（卦），行火君土君

君爲夫，行爲動，火土爲生旺運象，說明在這一步運中，與丈夫一同求財，得財

鳳盤第三橫行（卦），君火行君土

君火行，說明在此運中，君有火急之動，有尅象，而君土，又是穩象，故夫君雖有尅，而自身無大礙。

鳳盤第四橫行（卦）凶木行凶土

凶木行，是尅財之動，凶土，是損財，整卦上木上相尅，又見雙凶，說明此命中年後因財破而敗。

例（2）龍命，農曆1962年3月25日巳時

觀[時]	順	沖		
12		14		
清	吉	合	木	火
8		34		
趙	木	合	趙[時]	火
9		15		
君	火	行	君	土
31		33		
草	合	立	金	水
陰	落	陽		

分析：

1、此命龍盤時位在觀字上，表示此命遇事想法多，易變。

2、鳳盤時位在趙字上，表示此命常有强動之意，性格有點倔。

3、身位是吉字，說明此命比較自私，盡想好事，坐下是木字，好事不穩，常常是能想而不能得。

4、鳳盤第一橫行（卦）：清吉合木火

清吉合，是有好事能合到，木火，又爲相生而明，說明此命初運很好，讀書也不錯。

鳳盤第二橫行（卦）：趙木合趙火

趙爲强動多人之合，木火生而爲財，說明在此運中，與他人合夥求財，且得財。

鳳盤第三橫行（卦），君火行君土

此是動卦，動是爲求財，火土相生，得財不少

鳳盤第四橫行（卦），草合立金水

此卦合和金都是在落上，是財有不利的徵兆，但金水又是相生之象，故財落之事影響不大。

此命盤中無凶空之字，百百分命卦，逢土木之關，必有不吉之事發生。

此命盤沒有代表女性的星，陰、月三個字，是青龍命，婚姻上易出問題。

六、流年推斷法

1、推斷要點

對命盤進行分析後，進入流年斷事上，流年斷事，以鳳盤爲主，龍盤爲次，納音再次。

鳳盤上，以流年的字爲主，上下左右下互論生尅。以來測的時辰，出生的時辰爲輔助參斷，以流年字的橫行爲讀卦。

流年鳳盤橫行的第一個字，同第四個字爲一交點，第三個字，同第五個字爲一交點。術數上，又叫1、4參斷，3、5參斷。

如下圖所示

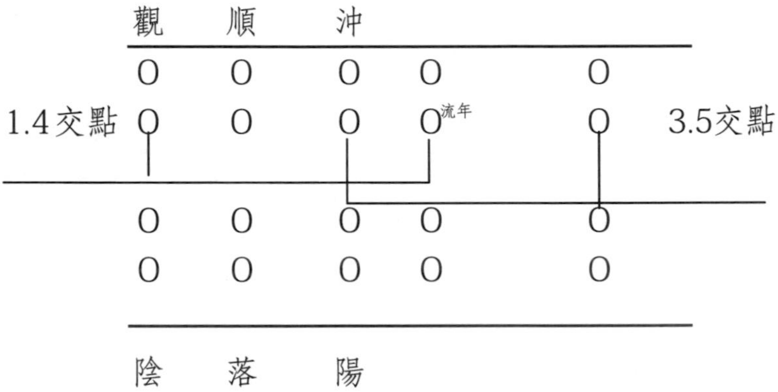
觀
順
沖
1.4交點
流年
3.5交點
陰
落
陽

2、流年字的推斷

以流年這個字爲重點，并將這個字所在橫行整體讀卦，又以流年這個字的上下左右爲取象。

例1鳳命農曆1971年5月24日卯時

	觀	順	沖		
	11		12		
	草	立	清	金[時]	木
	5		33		
	行	趙	立	行	水
	9		16		
	君	土	吉	君	陰 18
	28		29		
	趙	陽	君	趙	君
時	陰	落 18	陽		

分析：她18歲這一年，此命龍盤時位在陰字上，陰上是鳳盤的趙字表示此命常有不明之動，也會有坎坷。鳳盤時位在金字上，沖下金，表示此命爲求財而動。

身位是立字，經常想動，坐下是趙字，表示此命求財之路艱難。

查她18歲那一年，龍盤走在落字上，落上是鳳盤的陽字，陽代表男人。鳳盤走在陰字上，全盤代表女性的只有一個陰字，這個陰字便是她自身。陰字的上面是個水字，下面是個君字，水爲情，君爲男人，再看這一卦，君土吉君陰，君爲男、陰爲女，吉爲喜事，土爲財，君陰是偏配關係，也是非正常關係。

以1、4參斷，3、5參斷之法，這一卦的第一個字是君字，幾經四個字也是君字。君，代表男人。第三個字是吉，第五個字是陰；陰，代表女人，也是命主本人，吉陰，命主有喜事，君吉陰，是命主同男人之間的喜事。再看她的暗字，也就是出生時辰，卯時，子時在陰下君，丑時在觀下草，寅時在草下行，卯時在行下君字下，正好與流年是同一卦。

所以推她，這一年落在了男人上，同男人有了感情上的事，因爲是偏配，故這是不正常的男女關係。

例2鳳命農曆1982年8月30日申時

觀	順[時]	沖 32		
17		19		
凶	陰	君	陽	月
11		47		
草	趙	凶	金	凶
17		25		
凶	木[時]	行	陽 32	行
39		41		
君	星	草	月	草
陰	落	陽		

分析：她32歲這一年

1、此命龍盤時位在順字上，表示外部環境好

2、鳳命時位在木字上，性格硬直。

3、身位是陰，女命爲正坐，身位下是趙，表示有艱難和强動之意。

4、流年龍盤在沖字上，表示有外力衝動

5、流年鳳盤在陽字上，陽上是金字，表示財。陽下是月表示女人，陽字本身代表男人。陽字左右都是行字，雙行，這是動卦，男女之間爲財事而動。

6、流年這一卦，凶木行陽行。凶爲尅，木爲財，受凶尅爲枯。這一卦的意思是動則要尅財。

綜合分析後，推斷她流年有人來找她，有男有女，合作去求財，然而，此求財之事不可動，動則破財。

3、歲年字的推斷

歲年字，實則就是用先天盤的字，法與流年字斷相同，而取字不一樣

例1鳳命農曆1985年7月5日寅時

	觀	順	沖		
	11		16		
24	草	凶	吉	金 歲年	陰
	8		15		
	趙	水	行	趙	土
	10		18		
	空	趙	趙	星 時	日
	8		13		
	趙	命	立	趙 寅時	水
	陰	落	陽		

分析她24歲這一年，24，20爲整數不計，餘數爲4，先天盤第4個字是合字，後天透出金字，合金，出生時是寅時，從歲年往下數第三個字，這個位置先天的字是個月字，後天透出的是個趙字。

歲年：合金——合來之金（屬）

出生時，月趙——女人有艱難

結合流年24歲這一卦，草凶吉金陰，意爲女人有金屬之凶，是病態，但又是喜（吉）事。

事實是：此命這一年，因難產而剖腹得一女

例2鳳命，農曆1964年7月27日卯時 查34歲

觀	順	沖		
10		16		
空	吉	吉	星	陰
10		38		
空	趙	趙	星	日 時
11		17		
草	趙	凶	金 歲年	陽
31		37		
草	趙 31	凶	金	陽
陰	落	陽		

分析她34歲這一年

34歲，34減去整數20，還餘14，即先天盤上第14個字，火字，後天火上透出的是金字。

卯時出生，從歲年之字往下數第四個字，是個土字，後天透出的是個陽字。

歲年：火金——急、凶尅，同金屬有關

出生時：土陽——陽在土上，即爲陰，是病態

結合流年這一卦，草趙凶金陽，趙是難中，有金屬之凶。

事實是，此命這一年左手被機器絞斷

4、外因加入推斷

例：龍命，農曆1955年4月14日辰時 59歲 午時來測

	觀	順時	沖			
	10		15			
來時	空	行	行	星	土	
	10		23			
	空	立	立	星 59	立	
	9		14			
時	君	水	合	君	火	出生時
	9		24			
	古	水	合	君	合	
59	陰	落	陽			

分析：

1、此命龍盤時位在順字上，表示外部環境好，順暢。

2、鳳盤時位在君字上，是男命正位

3、身位是行字，表示好動，坐下是立字，表示是穩動，是好的動

4、59歲，龍盤在陰字上，陰上是鳳盤的君，是否象，會有不明之事

5、59歲，鳳盤在星字上，星上星，星下是君月，左右是三個立字一個空字

			星		
空	立	立	星	59	立
			君		
			月		

流年這卦是空立立星立，空邊三個立字護著，不會有事，流年竪列是星星君月，三個女人一個男人，也看不出有什麼事。

再細分析，星星君月，星君挨著的是正配關係，也是夫妻關係，最上面的星和最下面的月便是另外二個女人。

那麼，一對夫妻同另外二個女人，又有什麼事呢？加入外因，來測時辰午時，從流年下起子時……午時在觀下的空字上，這一卦是：空行行星土，用變卦法，將後面的土移到前面來，變成土空行行星，土為財，土空即財空，此財怎麼空了，星是女人，此財空，同女人有關。

再回到前面能盤上的陰和鳳盤上的君。否配關係，即不正常的關係。故推斷命主流年破財，因男女關係。

事實是，命主同一女人有不正常的關係，後此女叫上另一同伴來詐錢，命主叫上妻子談，所以出現三女一男的卦象，最後命主化錢平事。

5、流年與歲年合用斷

流年是後天所顯現的，歲年是先天固定的，流年與歲年的合用并斷，實際就是先後天的作用關係，也是因果關係，流年是因，歲年是果。當流年顯象不明的時候，加入歲年法，可以將流年的吉凶禍福顯示的十分清楚。

如下列所示：

鳳命農曆1979年10月27日卯時35歲 未時求測

	觀	順[時]	沖		
	11		20		
時	草	草	空	金	平
	13		41		
	立	合 35歲	草	水	草
	14		21		
	合	行	草	火	草
	31		40		
	草	岸	空 35歲	金	平
35	陰	落	陽		

分析：

1、流年35歲是7的整數，有二個取法，正取35歲在合字上，橫行這一卦是：立合草水草，合水二個字是一卦的重點。合水，是合情，也是合財，在這一卦，取決不了是合什麼事。

次取35歲，在最下面一行的空字上，橫行這一卦是：草草空金平。出現了一個金字，金爲財，空金是空財的意思，故取財事。

2、歲年35歲，減去20，還餘15，15是個土字，土爲財，故流年取財事，而不取情事。

3、取定事，便可論生尅，斷吉凶。

流年字：先天是凶字 後天是合字		凶合
歲年字：先天是土字 後天是草字		土草
出生時：先天是趙字 後天是草字		趙草

先天凶、土、趙，凶爲尅，土爲財，趙爲艱難，表示求財艱難且有尅財之事。

後天：合、草、草，合是合夥，草是草率。

表示此合夥之舉，是草率之動。

結論：此年命主有與他人合夥求財之事，但是草率之舉動，不但求財艱難，反而會被尅財。

6、年命的納音五行

是指命主出生年的納音五行，它的作用有

一是在斷事時，同流年的納音五行論生尅，受生者爲有助，受尅都爲有事。

一是在斷事時，如遇病重之人，五行到齊，包括此納音五行，則爲無救，如遇正常之人，五行到齊，包括此納音五行，則爲轉好運。

一是在化解時，以五行相生而配，如年命納音爲金，化解時要選納音五行爲土的日子，如年命納音爲木，化解時要選納音五行爲水的日子，餘類推。

六十甲子納音五行

甲子乙丑海中金，丙寅丁卯爐中火

戊辰已巳大林木，庚午辛未路旁土

壬申癸酉劍鋒金，甲戌乙亥山頭火

丙子丁丑澗下水，戊寅已卯城頭土

庚辰辛巳白蠟金，壬午癸未楊柳木

甲申乙酉泉中水，丙戌丁亥屋上土
戊子己丑霹靂火，庚寅辛卯松柏木
壬辰癸巳長流水，甲午乙未沙中金
丙申丁酉山下火，戊戌己亥平地木
庚子辛丑壁上土，壬寅癸卯金泊金
甲辰乙巳佛燈火，丙午丁未天河水
戊申己酉大驛土，庚戌辛亥釵釧金
壬子癸丑桑拓木，甲寅乙卯大溪水
丙辰丁巳沙中土，戊午己未天上火
庚申辛酉石榴木，壬戌癸亥大海水

七、論財

財，是一個人與生俱來的東西，有大、有小，有得、有失。有人忙碌一生，僅衣食溫飽而已，有人生下來就是金山銀山，有人家財萬貫，最終敗盡，有人寒衣出身，後來却富甲一方，其實，這都是先天的定數，命中所帶。

命盤中，以金、木、水、火、土五行之字爲財看，沒有五行之字，則以清、草爲財看。

大致上，盤中五行之字相生爲有財，相尅爲無財或破財。其中又以金爲財大、土爲財的庫，如有土金相生，爲財大，次以木有水相生，水有金相生，土有火相生，火有木相生。

大凡身位是五行之字者，都以有財爲看。又男命先天君、陽、日字上，後天透出五行之字者，也以有財看，女命先天星、陰、月字上，後天透出五行之字者，也以有財看。

五行之字，如得天地相生者，爲財大之人，天地相尅者，是先有財後敗落之人。先後天相生者爲有財，先後天相尅者，爲破財。

例1鳳命 1950年12月29日巳時

		沖	順 時	觀
		11		11
金	金	草	清	草
		47		6
凶	吉	凶	水	吉
		23		18
立	日	立	金 時	趙
		35		35
土	土	行	星	行
		陽	落	陰

此命，身位是清字，坐下是水字。以斷訣：清在水上清而旺。這水字又得下面金所生，生生而旺，是個旺財命。結合她整個盤式，此命是個殷實的巨富之人。

例2龍命1962年11月19日未時

觀	順	沖		
14		16		
合	星	吉	火	陰
10		38		
空	趙	趙	星	日時
19		25		
君	火	行	月	行
27		29		
凶	陰	君	凶	君
陰	落時	陽		

此命盤，五行之字只出現一個火字，出現在二個卦行上。第一出現在天宮，合星吉火陰。這個火字，左邊是吉字，右邊出現陰字，無木相生，火難旺，又有陰跟

象。

隨，是財的病象，非但不旺，還有問題，對應地宮是個凶字，凶火是尅象，也是急

第二出現在第三卦行，君火行月行，此火以命主有急事看，如以看，依然無木相生，火字上面爲趙火字，下面爲陰字，還是急象和病象，兆此命主爲因財事而有急，陰火、是財的病象，有失財之意。

事發在49歲，看龍盤流年，看鳳盤流年相當清楚，實際是命主一直喜歡錢和女人，在49歲這一年事發而躲避，負債一百多萬。

八、論婚姻

婚姻乃男女之事，是一命之大事，然男女之間的婚配，有八字沖剋者，也有八字相生合者。有沖剋必定不好，有生合也不一定美滿。有的命一次婚姻到終，有的命會經歷多次，有的命一次婚姻破裂，便終身不嫁娶。更有婚外情者，有家外有家者等等。這還是命的定數。

命盤中如何看婚姻的狀況？

1、先看天地二宮，如天地一宮對應出現空字和凶字，是婚姻不好的顯象，天地否象，生離死別。

2、夫妻宮有沖剋，婚姻必定麻煩。

3、盤中夫妻之星沒有正配，如是君陰相配。星陽相配，陽月相配，婚姻多有不和。

4、男命盤中多合陰，合月，合星的組合，則易出軌或家外有家。

5、女命盤中多合陽、合日、合君的組合，則易出軌或有外家。

6、盤中君星，挨在一起，天地宮沒有凶空，是和合的婚姻，即使有爭吵，也不會有大事。

7、盤中命星邊上，多有草趙、行草、合空，趙行的字，是不好的信息易離婚。

另有特殊的命盤，如下：

龍命：1966年6月6日午時

觀	順	沖		
13		19		
立	木	君	水	月
13		19		
立	木	君	水	月
13		19		
立	木	君	水	月時
13		19		
立	木	君	水	月
陰	落	陽時		

此命盤四卦相同，每卦都出現君、水、月、而君，月是否象，不是正配，水又爲情，故此命的婚姻很不穩定，幾乎是三年一次婚姻，常常做新郎。

論婚姻，盤中如何取定其結婚時間。

卦式上，一般取雙爻時段，如：雙吉、雙合，也可取吉火，合吉，合趙，君合吉，合吉星等等。

如：龍命　82年7月3日寅時

觀	順	沖		
11		13		
草	合	立	金 時	水
5		13		
行	趙	立	行	水
10		18		
空	趙	趙	星	日
6		8		
吉	火	趙	吉 21	趙
陰	落	陽 時		

此命盤第四卦行是：吉、火、趙、吉、趙。出現二個吉字，二個趙字，又一火字。吉火是喜事明，趙是動象，整個卦像是事有動、喜事明，雙吉又爲喜字，故直接推他21歲這一年的婚象。

九、論疾病

人體有五大系統，各有五行屬性。肺和大腸屬金，肝膽屬木，腎與膀胱屬水，心與小腸屬火，胃與脾屬土。

人體之疾病，乃身體某部位受變式受尅。比如肺部有病，乃是金受尅，肝膽有病，乃是木受尅如此推論，故命盤中看身體是否有病，病在哪個部位，都是以五行之字的尅泄來斷。

五行之字相互尅泄是病象。木逢金，金逢火，火逢水，水逢土，土逢木，哪個受尅，哪個病。

五行，最講究平衡，尅泄是病象，過旺了，也是病象。

五行之字，如遇上陰、凶、趙、空字，也都是病象，盤中當細細推論。

例：鳳命 1964年11月6日辰時

觀量	順	沖		
11		15		
草	吉	行	金	土
9		22		
時君	金	清	君	清
16		22		
吉	趙	清	陰 49	清
11		15		
草	吉	行	金	土
陰	落	陽		

此命盤，五行之字出現了金、土。金字出現在三個卦上，土字出現在二個卦上。

第一卦行天宮的金同第四卦行地宮的金相對應，邊上又有土字相生。但問題出現在二個地方，一是第一和第四卦行的金之間出現了一個陰字，金陰、爲病象，二是第二卦行上的金字，先天是個凶字，尅象，先天尅後天，斷此命肺部有病。死於49歲（流年在陰字，對應在土字，陰上，是入墓之象）

十、測斷來意

一個命盤，包含了一個人的一生。所涉之事繁雜。有人來測，多爲某些事而來，也常見有人來測，報上八字便不再言語，而推算者又不方便問求測者爲何事而來。此時，如能知道求測者的來意，便能直入主題，令求測者信服。七星術，有測斷來意之法，它是一種快捷而簡單的推算方法。它可以當即知道求測者的來意，并直接取事而斷。

法以求測者來的時辰，同出生的時辰，二者的數相加，再減去1然後將所得之數找字，同鳳盤的身位之字進行取象解讀。

例：龍命農曆1972年12月14日巳時

求測者來的時間是巳時

觀	順	沖		
13		15		
立	趙[金]	行	水	土
8		32		
趙	星	清	趙	木
18		25		
趙	水	行	日	行
20		22		
空	清	清	平	清
陰	落	陽		

巳時，爲第6個時辰，出生時辰和來測時辰都是巳時，即6+6=12-1=11，第11個字是金字，此命身位是趙，趙見金，是出門求財之意，故斷求測者是爲出門求財之事而來。然後再結合流年，歲年進行詳細分析。

十一、推壽祿法

此法用以推算一個人壽命的長短。法以49爲大基數，從觀字下鳳盤的第一個數起查，首先查個位數有沒有7數，如第一個個位數不足7，則查竪下第二個，第三個，第四個，如都沒有個位7數，則從另一組沖下第一個查起。

如查到有個位7數，便取這個7數，同它下面的每一個數的個位數相加，最多加到51，再將相加數同49的基數相加，總數不能超過100，得出總數後，減去一個個位7數，再減去觀下鳳盤第一數的個位數，所得餘數便是壽祿之數了。

如觀字下，沖字下的二組數中都沒有個位7數，則找6數，沒有6數則找8數，沒有8數，則找5數，沒有5數，則找9數，沒有9數，則找4數，。沒有4數則找3數，沒有3數，則找2數，沒有2數，則找1數。總的數順序爲：768594321。

十二、擇日取用法

世間人結婚、入宅、出行等，大都要擇日而行，而擇日之法，有依太陽時，有用干支法，皆以配事，或配年命而行，然，千人千命，萬人萬命，以事而擇有年命不一，以年命而擇，年相同了，而月不同，月相同了，而日不相同，日相同了，而時又不同，故同一事，年命相同者，其結果往往有異。

常見某一黃道吉日，有數對新人嫁娶。某一黃道吉日，有數家店鋪開業，他（她）們的八字都一樣嗎？答案是否定的。

故擇日取用，除用事爲主外，還應配合某月、某日、某時、對命主最合的時候。

法以龍盤先取，如店鋪開業，男取挨到陽，順字上的月、日、時，女取挨到陰，順字上的月、日、時。

拆屋、喪葬、取挨到沖、落字上的月、日、時，如有急事要解，可取挨到沖字的時間。後在鳳盤取，以流年爲基點，查與流年字相生相合的月、日、時，以不尅爲好。

十三、推斷失物法

物件失少，皆有因，有去處，或能找回，或不能找回，此爲定數，與命有關，既與命有關，則在命盤中尋找答案。

法以失物的時間，先看龍盤，從流年起月，起日，起時，如時間在沖，陰上，則難以找回，無須再枉花精力，再看鳳盤，從流年下起月、起日、起時，如在趙、星、陰上，則難以找回，這三個字以外，其他的在主盤的字上，表示物件在家裏或自家人手上，再以這個字的屬性，大小、方位上去尋找，如在副盤字上，表示物件在家以外的地方。

十四、龍盤的三相六月訣

龍盤雖然是鳳盤的外因主導，但它也同鳳盤相配，三相，是鳳盤的三個字配成一組，六月，則每個字間隔6個字，它的應用，主要是龍盤時位在某個字時，此字位上所配的鳳盤三個字要參斷，（三相六月訣，主配在主盤上，副盤參考）

例：

清趙火　立君土　合星陰

觀	順	沖		
O	O	O	O	O
O	O	O	O	O
O	O	O	O	O
O	O	O	O	O
陰	落	陽		

草凶水　吉木日　行金陽

其訣如下：

陰：陰上凶字坐

釋義：龍盤時位在陰字上，如後天鳳盤陰字上出現，草、凶、水三個字其中一個，則會有事出現，是凶尅之象，如水字，是病象，

觀：觀下不見空

釋義：龍盤時位在觀字上，如後天鳳盤觀下的字出現空、清、趙三個字其中一個，則會有事出現，如流年再遇上凶或火字，會出大事。如鳳盤時位又在空字上，則容易出家之象，

順：順下木一根

釋義：龍盤時位在順字上，如後天鳳盤順字下出現木字，或出現陰字，土字是尅卦，主要是指身體受尅，是病象。

沖：沖下不看立

釋義：龍盤時位在沖字上，後天鳳盤沖字下出現合星陰三個字其中一個，便會有事，主要指夫妻關係，是否象出現陰字，是病象。

陽：陽上不見行

釋義：龍盤時位在陽字上，陽上鳳盤如出現行字，是動象，流年鳳盤出現趙字，爲有難，有官非。

落：落上水時空無片

釋義：龍盤時位在落字上，後天鳳盤落字上出現水字。且又是鳳盤的時位，是大敗之象，空無片瓦。

十五、斷語

斷語有三類，一類是命盤式，是以命盤式的不同組合，直接可斷定某類事，一類是卦式，是以盤中橫行五個字爲一卦，以卦字的組合，直接斷定某類事，一類是流年多字的組交斷，以流年字爲中心點取上下左右之字，進而斷定某類事。

1、命盤式斷語

一）大盤就怕自身空：指龍盤，男命陽上鳳盤是空字，女命陰上鳳盤是空字

二）生下就怕落上時，指時位在落上

三）大盤起式怕反位：指身位字，男坐星、陰，女坐君、陽、日

四）水火相見爲之急：水火相見，事必火急

五）盤中水多情愛多：水多，易發生情愛風波

六）盤中凶多凶險多：凶字多，即凶險多

七）兩趙相見更坎坷：兩個趙字相連，運多坎坷

八）三星落觀必入墓：月、日、時三位均落觀上，有入墓之嫌
九）雙凶尅水水必空：兩凶尅水，水淨空
十）木無水生金必尅：木無水生必遭金尅
十一）金有土地生財運通：金有土生，財源不斷
十二）金字落底爲金庫：金字在地宮，謂之有財又有庫
十三）木落土上怕枯中：木落土上無水生，有入墓信息
十四）雙星雙陰夜不明：盤內有雙量或雙陰，定難有光明
十五）陽在落上爲陽落：男命陽字在落上，爲有難
十六）陰在落上易出凶：女命陰字在落上，易出凶禍
十七）吉落凶上吉也空：吉字在凶上，雖能化凶，但吉也空
十八）上凶下趙凶更凶：上面是凶字，下面是趙字，凶加凶
十九）凶落相逢定有難：凶在落上，必有大難
二十）陽星相配天地否：陽星相配容易離婚
二十一）吉坐凶上怕二婚：吉字坐在凶字上，易有二婚

二十二）天凶地空婚更凶：天宮有凶字，地宮有空字，生離死別

二十三）鳳命君先爲早戀：鳳命盤君字開頭女早戀

二十四）星陰逢君婚早動：男命盤中星陰緊隨君者，是婚姻早動之象

二十五）落上見趙路不明：落上趙字，走的是不明之路

二十六）陰上趙字無歸路：陰上有趙字，有去路，無歸路

二十七）凶頭木尾必有尅：凶字在前，木字在尾必有尅害

二十八）尾木有生無大事，尾字是木，有水生無大事

二十九）枯木見水鳥出籠：凶尅木枯，見水得生爲鳥出籠

三十）日坐君上有官位：日下坐君字，其人必有官職

三十一）凶凶相連創業難：兩個凶字連在一起，創業路艱難

三十二）身位落趙生坎坷：身位是趙字，一生多坎坷

三十三）立合爲貴立凶病：立合爲貴，立凶爲禍

三十四）雙星夜中事難成：雙星爲夜，事事在暗中

三十五）合星合女水情動：合星合來女人，水多情也多

三十六）君在沖下運不佳：君在沖字下，不穩，運受阻
三十七）君吉合陽官位豐：君吉與陽相合，有官位
三十八）上陰下月暗不明：陰天的月亮不見光
三十九）土坐身位明珠埋：身位是土，有才也發揮不出來
四十）合坐身位事事合：身位是合，四方皆通
四十一）合與金見事業起：合金相見，事業必能興起
四十二）立合吉水空平解：立合吉水空都能解凶
四十三）木坐土上爲有病：木坐土上爲病態
四十四）落上坐星必損財：星在落上是損財之象
四十五）陰陽和合爲官清：陰陽相合，爲官清正長久
四十六）凶伍尅中遭灾禍：多凶來尅夜中，官中，清中，易遭灾禍
四十七）五行尅沖必落中：金木水火土互相沖尅，易陷枯落中
四十八）無水生木土即墓：木無水生爲枯木，枯木逢土入墓中
四十九）陰行疊見身孤獨：陰和行相伴，此人一定很孤獨

五十）鳳凰落水婚破裂：陰陽和合爲鳳凰，逢凶水，婚必破

五十一）命犯龍虎婚難順：命爲青龍白虎之人，其婚姻很難和諧

五十二）時位落，身坐陰：更怕時位在落上，身位又坐陰字凶

五十三）時位在前如帶兵：時位在主盤，好運自然來，但不能在空上

五十四）時位在主旺在副不旺：時位在主盤內旺，在副盤差之，但如有日陽組合，一生也有好運

五十五）日落時位分男女：女性時位在日字，有吸引异性，情愛多之兆，男性時位在日字，則爲貴命

五十六）時寧落凶勿落空：時位在凶字上，要好於在空字上

五十七）時在落空均不利：龍盤時位在落上，或鳳盤時位在空上，運程都有不利

五十八）雙清合抱爲清卦：指身位是清，坐下也是清，此種命不能有婚外戀，犯之必有情尅。

五十九）龍鳳本位坐，有凶也不怕：男坐君陽日，女坐陰星，大盤凶多也不怕

六十）天宮尅地宮，有庫也爲空：天地宮相尅傷財

六十一）天地有空易別離：天地宮有空字，不死也別離
六十二）凶坐空必有一亡：地宮空，身位凶，凶坐空，必有一亡
六十三）凶坐君上反尅妻：身位凶坐下君，君若無事反尅妻
六十四）日在地宮不爲火：日在天宮爲陽火，日在中間以火論
六十五）日在地宮爲落日：日在天宮爲太陽星照命
六十六）天地空凶易出災：天地宮同時出現空凶，易出禍端死亡
六十七）天地有空事難成：天地宮有空事難成
六十八）地宮有空婚姻變：如陰上空，陽上空，婚姻易變
六十九）天地相生夫妻美：夫妻關係的好壞，主要看天地宮是否相生
七十）水火情中你我他：男爲火，女爲水，水遇君，火遇陰，均是桃花之象
七十一）陰上凶暗藏殺機：陰上凶字，有險難，小心出事
七十二）草在陰上凶爲病：草在陰上，土上，凶上都是有病之兆
七十三）沖下串空事無成：沖下都是空字，爲無事所成
七十四）主盤吉立合爲父：副盤吉立合爲母

七十五）盤中趙多一生難：趙字多，一生艱難，行武出身的人除外

七十六）吉字開頭爲好命：觀卜吉字之人，運氣很好

七十七）年生身位學歷高：年命與身位相生的人學歷高

七十八）伏吟就怕星陽見：伏吟命盤，上下爲星陽的，男女遇之都不利

七十九）百分土木易入墓：百分卦盤遇到土、木、關易有不吉之事出現

八十）男女反位多婚變：男命身位星陰，女命身位君陽日，多會出現婚變或婚

外情

八十一）金尅草爲枯：枯草必有凶病兆

八十二）雙吉爲喜也爲男：雙吉爲喜，在子女宮內多爲男孩

八十三）金趙遇土車禍多：半字相伴無死亡

八十四）草吉出現在原位上爲貴，行星土平出現在五行上麻煩多

八十五）雙行空伍走絕地：即行行空，空行行，必有星土相配

八十六）君坐凶，落上陽，日，有尅子之兆：身位君，坐下凶，落上爲陽日。

有尅子之兆

八十七）尾字行見木爲橋，見土爲路：行在尾字，見土爲路，見木爲橋，見水木爲橋木卦，險

八十八）鳳命時位在君陽日，异性朋友多

八十九）求財興旺衰，需用年納音來判斷

九十）君陽日，星陰月，坐清字上，均有爲靜不動之意，如若强動必有情尅。

九十一）合合空合星，無論男女，流年走到此卦少一字，再龍盤走到觀或沖年時，即爲桃花

九十二）金木水火土爲財，盤內不見此五字時，有清草也爲財

九十三）盤內無星陰月，君陽日，斷子女時，以吉爲主，合立爲輔

九十四）雙君抱日月爲伴，君日君月月，爲好的官命式

九十五）天地相合成婚配，君星，日月，陰陽爲天地配

九十六）龍命日月組合，遇星陰易有外遇

九十七）青龍白虎劍，有立合吉遇到水，清，即有夫妻組合之象

九十八）生中也有婚象在：草在水，清相生，土生金，均有婚象

九十九）尾字星平行土，入病之年基本與此字有關

一百）平行相遇怕落空：指歲年行，流年遇空

一百零一）行平星相遇險禍生：流年平、星，遇到行字，是大災禍之兆

一百零二）觀下落空走難中：觀下是空字，流年走到此字應注意

一百零三）百分卦命，陰觀之年是病兆

一百零四）雙吉抱木陰落枯中：吉木吉陰陰，在天宮，一般都不好

一百零五）雙凶一空殘疾人：中宮有雙凶一空，是殘疾人之象

一百零六）觀下之君爲男十，龍命代表自己，鳳命代表官人，配偶及情人

一百零七）水爲情財更爲病：水爲情爲財，相尅時爲病

一百零八）陰上落空風水差：龍盤陰上落空，祖墳風水不好

一百零九）中尅伏吟時空難：中尅伏吟，如時位逢空，會有雙難出現

一百一十）身時合一喜摻憂：身位與時位合在一起，吉則更吉，凶則更凶

一百一十一）有凶必有尅：有凶最怕落，有火必有急

一百一十二）凶多落空必有亡：盤中凶字多，落上是空字，流年逢凶落空，必

有傷亡之災

一百一十三）夫妻星多易婚變：女命盤內夫星多，男命盤內女星多，婚姻易變

一百一十四）雙君女位事業成：女命，本位雙君坐，事業有成，如邊上有陽字，則爲霸道

一百一十五）日時六合爲多夫：時位是日字，盤內有合君，合陽，爲六合之卦，是有多夫之象

一百一十六）女命身水怕盤空：女命身位水字，流年就怕遇到空、凶

一百一十七）星空多位星燦爛：盤上星多空多，爲星空燦爛，卦命主多是幻想者，一事無成

一百一十八）雙吉坐位天時爻：身位吉，坐下吉，時位又在吉位，爲天時爻，吉

一百一十九）陰上空，再逢空：不是我空便是他空，指夫妻或財運

一百二十）星水求偶單相思：星水求偶爲不成，是單相思之兆

一百二十一）星日組合婚易變：星日，星陽是否象，組合成婚易發生變化

一百二十二）水與星月逢爲影：水與星月之字相遇，均爲水中影

一百二十三）土下凶，土遇凶：土下生凶，可解凶

一百二十四）星君合凶必有難：君和星合在凶字上，男女都會出現災難

一百二十五）雙行相接必有動：兩個行字連在一起，必會出現動象

一百二十六）兩趙見凶凶更凶：兩個趙字和凶連在一起，是大凶

一百二十七）落上坐金易傷財：落上坐金字，遇星，趙，陰、是損財

2、卦式斷語

鳳盤是由四個橫行組成，每一橫行又稱為卦，每一卦有五個字，當流年走在某一卦的其中一個字時，這個字就是這一卦的中心點，其他四個字同中心點是相互關係，也是流年分析的最基本內容。

以七星術的排盤方法，此卦式斷語共有四百條

（一）草

一、草清草草草：四草池中草勢旺
二、草立清草清：雙草立在雙池中
三、草合立草立：草合雙立草爲穩
四、草行合草合：草動雙合草穩中
五、草吉行草行：草吉雙行草有動
六、草凶吉草吉：草凶有尅雙吉合
七、草趙凶草凶：草趙又凶草爲枯
八、草君趙草趙：草君雙趙草有尅
九、草星君草君：草星君草君有爭
十、草草空草星：雙草一空草夜中
十一、草清草草金：三草一清金生中
十二、草水清草木：草立清草草木旺
十三、草合立草水：合立雙草水來生

十四、草行合草火：行合雙草助火旺

十五、草吉行草土：吉行雙草土爲穩

十六、草凶吉草陰：草凶吉草有剋意

十七、草趙凶草陽：草趙凶草陽爲火

十八、草君趙草日：草君趙草日爲明

十九、草星君草月：星君雙草月女動

二十、草草空草平：雙草一空草平中

二十一、草草空金星：雙草一空金爲夜

二十二、草清草金金：池爲雙草雙金財

二十三、草立清金木：草立池中金木生

二十四、草合立金水：草合立金水生中

二十五、草合行金火：草行合金火爲剋

二十六、草吉行金土：草吉行金土牛財

二十七、草凶吉金陰：草凶吉金陰不明

二十八、草趙凶金陽：草趙凶金陽爲尅
二十九、草君趙金日：草君趙金日中生
三十、草星趙金日：草星君金月求財
三十一、草草空金平：雙草一空財爲平
三十二、草清草金草：草清雙草金有尅
三十三、草立清金清：雙立雙清金生中
三十四、草合立金立：草合雙立穩中財
三十五、草行合金合：草行雙合財運生
三十六、草吉行金行：草吉雙行求財中
三十七、草凶吉金吉：草凶雙吉財小尅
三十八、草趙凶金凶：草趙雙凶財受尅
三十九、草君趙金趙：草君雙趙財難求
四十、草星君金君：草星雙君合財生

（二）清

四十一、清立草清草：清立雙草池中生

四十二、清合清清清：一合四清穩中穩

四十三、清行立清立：清行雙立在池中

四十四、清吉合清合：清吉雙合清爲貴

四十五、清凶行清行：清凶雙行入池中

四十六、清趙吉清吉：清趙雙吉清爲喜

四十七、清君凶清凶：清君雙凶君有剋

四十八、清星趙清趙：清星雙趙星爲空

四十九、清金君清君：清金雙君君財旺

五十、清清空清星：一空三清星爲影

五十一、清立草清金：清立草清財爲生

五十二、清合清清木：三清合木木爲旺

五十三、清行立清水：清行立清水爲多

五十四、清吉合清火：清吉合清火也急
五十五、清凶行清土：清凶行清土立穩
五十六、清趙吉清陰：清趙吉清陰不明
五十七、清君凶清陽：清君凶清陽爲火
五十八、清星趙清日：清星趙清日也明
五十九、清金君清月：清金君清月合財
六十、清清空清平：雙清一空清平中
六十一、清清空木星，雙清一空木入夜
六十二、清立草木金：清立草木有生尅
六十三、清合清木木：二清合來雙木生
六十四、清行立木水：清行立木路難行
六十五、清吉合木火：清吉合木助火旺
六十六、清凶行木土：清凶行木入土中
六十七、清趙吉木陰：清趙吉木陰不陰

六十八、清君凶木陽：清君凶木陽有尅
六十九、清星趙木日：清星趙木日星否
七十、清金君木月：清金君木月求財
七十一、清清空木平：雙清一空木爲平
七十二、清立草木草：清立草木入旺中
七十三、清合清木清：合爲一清木爲生
七十四、清行立木立：清行雙立木爲穩
七十五、清吉合木合：清吉雙合木穩定
七十六、清凶行木行：清凶雙行人橋中
七十七、清趙吉木吉：清趙雙吉木有動
七十八、清君凶木凶：清君雙凶木枯中
七十九、清星趙木趙：清星雙趙夜中木
八十、清金君木君：清金雙君抱木尅

（三）立

八十一、立合草立草：立合雙草立穩中
八十二、立行清立清：雙立行在雙池中
八十三、立吉立立立：四立抱吉喜事多
八十四、立凶合立合：雙合雙立無凶事
八十五、立趙行立行：雙立雙行趙有動
八十六、立君吉立吉：立君吉立好事多
八十七、立星凶立凶：立星雙凶立病人
八十八、立金趙立趙：立金雙趙有强動
八十九、立木君立君：立木雙君立穩中
九十、立立空立星：三立一空事難成
九十一、立合草立金：立合草立金爲生
九十二、立行清立木：立行清立木爲橋
九十三、立吉立立水：三立吉水落情中

九十四、立凶合立火：雙立合凶火爲急
九十五、立趙行立土：立趙行立土也穩
九十六、立君吉立陰：立君吉立陰爲情
九十七、立星凶立陽：立星凶立陽雙尅
九十八、立金趙立日：立金趙立求財利
九十九、立木君立月：立木君立財難求
一百、立立空立平：三立一空入平中
一百零一、立立空水星：雙立一空水中影
一百零二、立合草水金：立合草水金生中
一百零三、立行清水木：立行清水過險橋
一百零四、立吉立水水：雙立吉水情多多
一百零五、立凶合水火：立凶合水火雙尅
一百零六、立趙行水土：立趙行水土爲穩
一百零七、立君吉水陰：立君吉水陰爲情

一百零八、立星凶水陽：立星凶水陽情尅
一百零九、立金趙水日：立金趙水日生財
一百一十、立木君水月：立木君水月有情
一百一十一、立立空水平：雙立一空水爲平
一百一十二、立合草水草：立合雙草有水生
一百一十三、立行清水清：立行雙清水太旺
一百一十四、立合立水立：立合雙立水財生
一百一十五、立凶合水合：立凶雙合水多情
一百一十六、立趙行水行：立趙雙行人水中
一百一十七、立君吉水吉：立君雙吉水爲情
一百一十八、立星凶水凶：立星雙凶無影踪
一百一十九、立金趙水趙：立金趙水求財難
一百二十、立木君水君：立木君水君有財

（四）合

一百二十一、合行草合草：合行草合草勢旺

一百二十二、合吉清合清：雙合吉清在貴中

一百二十三、合凶立合立：雙合雙立凶不凶

一百二十四、合趙合合合：四合抱趙貴解難

一百二十五、合君行合行：合君雙行在合中

一百二十六、合星吉合吉：合星雙吉合爲好

一百二十七、合金凶合凶：合金雙凶金受尅

一百二十八、合木趙合趙：合木雙趙合也動

一百二十九、合水君合君：合水雙君合有情

一百三十、合合空合星：三合合星空也成

一百三十一、合行草合金：合行草合小財生

一百三十二、合吉清合木：合吉清合木也生

一百三十三、合凶立合水：合凶立合水爲情

一百三十四、合趙合合火：合趙合合火爲明
一百三十五、合君行合土：合君行合穩中路
一百三十六、合星吉合陰：合星吉合陰不明
一百三十七、合金凶合陽：合金凶合陽爲火
一百三十八、合木趙合日：合木趙合日生中
一百三十九、合水君合月：合水君合月女情
一百四十、合合空合平：三合一空平中事
一百四十一、合合空火星：雙合一空火星明
一百四十二、合行草火金：合行草火金有尅
一百四十三、合吉清火木：合吉清火木火旺
一百四十四、合凶立火水：合凶立火急中事
一百四十五、合趙合火火：合趙合火雙火旺
一百四十六、合君行火土：合君行火土生中
一百四十七、合星吉火陰：合星吉火陰不明

一百四十八、合金凶火陽：合金凶火陽破財
一百四十九、合木趙火日：合木趙火日助火
一百五十、合水君火月：合水君火月爲情
一百五十一、合合空火平：雙合一空火爲平
一百五十二、合行草火草：合行雙草火旺中
一百五十三、合吉清火清：合吉清火受小尅
一百五十四、合凶立火立：合凶立火在急中
一百五十五、合趙合火合：合趙合火事爲急
一百五十六、合君行火行：合君雙行路火急
一百五十七、合星吉火吉：合星吉火在明中
一百五十八、合金凶火凶：合金凶火金受尅
一百五十九、合木趙火趙：合木雙趙小人多
一百六十、合水君火君：合水君火君有情

（五）行

一百六十一、行吉草行草：行吉雙草有動意
一百六十二、行凶清行清：行凶清行動有尅
一百六十三、行趙立行立：行趙雙立行平中
一百六十四、行君合行合：行君合行合爲貴
一百六十五、行星行行行：行星三行走夜中
一百六十六、行金吉行吉：行金吉行有急財
一百六十七、行木凶行凶：行木雙凶行有險
一百六十八、行水趙行趙：行水難行走難中
一百六十九、行火君行君：行火君行君有急
一百七十、行行空行星：三行一空女有動
一百七十一、行吉草行金：行吉草行求財中
一百七十二、行凶清行木：行凶清行獨木橋
一百七十三、行趙立行水：行趙立行落水中

一百七十四、行君合行火：行君合行火爲伴
一百七十五、行星行行土：行星雙行落穩中
一百七十六：行金吉行陰：行金吉行財不明
一百七十七、行木凶行陽：行木凶行陽多尅
一百七十八、行水趙行日：行水趙行日有明
一百七十九、行火君行月：行火君行月爲伴
一百八十、行行空行平：三行一空在平中
一百八十一、行行空土星：雙行空土夜中路
一百八十二、行吉草土金：行吉草土金爲生
一百八十三、行凶清土木：行凶清上木有尅
一百八十四、行趙立土水：行趙立土水難中
一百八十五、行君合土火：行君合土火爲生
一百八十六、行星行土火：行星走在雙土穩
一百八十七、行金吉土陰：行金吉十暗財生

一百八十八、行木凶土陽：行木凶土陽生土
一百八十九、行水趙土日：行水趙土日也生
一百九十、行火君土月：行火君土月爲伴
一百九十一、行行空土平：雙行空土平中路
一百九十二、行吉草土草：行吉雙草土爲穩
一百九十三、行凶清土清：行凶雙清路不平
一百九十四、行趙立土立：行趙雙立路中穩
一百九十五、行君合土合：君行雙合順暢中
一百九十六、行星行土行：三行星土有動意
一百九十七、行金吉土吉：行金雙吉土財生
一百九十八、行木凶土凶：行木雙凶土木枯
一百九十九、行水趙土趙：行水雙趙路難行
二百、行火君土君：行火雙星火生土

（六）吉

二百零一、吉凶草吉草：雙古雙草凶爲尅

二百零二、吉趙清吉清：吉趙雙清有坎坷

二百零三、吉君立吉立：雙古雙立君爲貴

二百零四、吉星合吉合：雙吉雙合女貴人

二百零五、吉金行吉行：雙古雙行財可得

二百零六、吉木吉吉吉：四吉抱木在生中

二百零七、吉水凶吉凶：吉水雙凶吉有尅

二百零八、吉火趙吉趙：吉火趙吉在動中

二百零九、吉土君吉君：吉土雙君吉也貴

二百一十、吉吉空吉星：三吉一空星有喜

二百一十一、吉凶草吉金：吉凶草吉金有尅

二百一十二、吉趙清吉木：吉趙清吉木有生

二百一十三、吉君立吉水：吉君立吉水多情

二百一十四、吉星合吉火：吉星合吉星火明
二百一十五、吉金行吉土：吉金行吉土財旺
二百一十六、吉木吉吉陰：陰有吉事木也生
二百一十七、吉水凶吉陽：吉水凶吉情為難
二百一十八、吉火趙吉日：吉火趙吉日生中
二百一十九、吉土君吉月：吉土君吉月君情
二百二十、吉吉空吉平：三吉一空在平中
二百二十一、吉吉空陰星：雙吉空陰星不明
二百二十二、吉凶草陰金：吉凶草陰金有尅
二百二十三、吉趙清陰木：吉趙清陰木不明
二百二十四、吉君立陰水：吉君立陰水為情
二百二十五、吉星合陰火：吉星合陰星火明
二百二十六、吉金行陰土：吉金行陰土生財
二百二十七、吉木吉陰陰：雙吉抱木雙陰枯

二百二十八、吉水凶陰陽：吉水隨凶陰陽合

二百二十九、吉火趙陰日：吉火趙陰日不明

二百三十、吉土君陰月：吉土君陰暗中女

二百三十一、吉吉空陰平：雙吉一空陰平中

二百三十二、吉凶草陰草：吉凶雙草陰不生

二百三十三、吉趙清陰清：吉趙清陰事難成

二百三十四、吉君立陰立：吉君雙立陰不明

二百三十五、吉星合陰合：吉星合陰合有情

二百三十六、吉金行陰行：吉金雙行陰財暗

二百三十七、吉木吉陰吉：木陰三吉木也生

二百三十八、吉水凶陰凶：吉水雙凶陰情尅

二百三十九、吉火趙陰趙：吉火雙趙陰有凶

二百四十、吉土君陰君：吉土君陰穩中事

（七）凶

二百四十一、凶趙草凶草：凶趙雙草凶尅生

二百四十二、凶君清凶清：凶君凶尅落池中

二百四十三、凶星立凶立：雙凶雙立星有尅

二百四十四、凶金合凶合：凶金雙合凶破財

二百四十五、凶木行凶行：凶木行入枯橋中

二百四十六、凶水吉凶吉：雙吉雙凶情財尅

二百四十七、凶火凶凶凶：四凶抱火凶更凶

二百四十八、凶土趙凶趙：凶土趙凶路難行

二百四十九、凶陰君凶君：凶陰雙君凶不明

二百五十、凶凶空凶星：三凶空星女有病

二百五十一、凶趙草凶金：趙草雙凶金草空

二百五十二、凶君清凶木：凶君清凶木受尅

二百五十三、凶星立凶水：凶星立凶水爲空

二百五十四、凶金合凶火：凶金合凶火急尅
二百五十五、凶木行凶土：凶木行凶人土中
二百五十六、凶水吉凶陰：水吉雙凶陰爲病
二百五十七、凶火凶凶陽：凶火凶凶陽急凶
二百五十八、凶土趙凶日：凶土趙凶日有明
二百五十九、凶陰君凶月：凶陰君凶月入尅
二百六十、凶凶空凶平：三凶一空平緩凶
二百六十一、凶凶空陽星：雙凶一空陽星否
二百六十二、凶凶草陽金：凶趙草陽金有尅
二百六十三、凶君清陽木：凶君清陽木得生
二百六十四、凶星立陽水：凶星立陽情爲影
二百六十五、凶金合陽火：凶金合陽火尅金
二百六十六、凶木行陽土：凶木行陽土爲穩
二百六十七、凶水吉陽陰：凶水吉情陽陰合

二百六十八、凶火凶陽陽：雙凶雙陽火爲急
二百六十九、凶土趙陽日：凶土趙陽兄弟合
二百七十、凶陰君陽月：凶陰君陽月多爭
二百七十一、凶凶空陽平：雙凶空陽爲平中
二百七十二、凶趙草陽草：凶趙雙草陽生枯
二百七十三、凶君清陽清：凶君雙清陽有尅
二百七十四、凶星立陽立：凶星雙立星陽尅
二百七十五、凶金合陽合：凶陽雙合金有尅
二百七十六、凶木行陽行：凶木行陽小心行
二百七十七、凶水吉陽吉：凶水吉陽情落中
二百七十八、凶火凶陽凶：凶火凶陽凶意大
二百七十九、凶土趙陽趙：凶土趙陽在平中
二百八十、凶陰君陽君：凶陰君陽君有爭

（八）趙

二百八十一、趙君草趙草：趙君草趙草有尅

二百八十二、趙星清趙清：雙趙雙清星爲影

二百八十三、趙金立趙立：趙金雙立趙有動

二百八十四、趙木合趙合：趙木雙合動有險

二百八十五、趙水行趙行：雙趙雙行在水中

二百八十六、趙火吉趙吉：雙趙雙吉火有尅

二百八十七、趙土凶趙凶：雙趙雙凶路難行

二百八十八、趙陰趙趙趙：四趙抱陰暗中事

二百八十九、趙陽君趙君：雙趙雙君陽爲合

二百九十、趙趙空趙星：三趙　空難中路

二百九十一、趙君草趙金：趙君草趙求財難

二百九十二、趙星清趙木：趙星清趙木小生

二百九十三、趙金立趙水：雙趙立水難求財

二百九十四、趙木合趙火：木合雙趙生火難
二百九十五、趙水行趙土：趙水行趙土爲穩
二百九十六、趙火吉趙陰：火吉雙趙犯小人
二百九十七、趙土凶趙陽：土凶雙趙陽來合
二百九十八、趙陰趙趙日：三趙不明日有解
二百九十九、趙陽君趙月：雙趙一月君陽爭
三百、趙趙空趙平：三趙一空落平中
三百零一、趙趙空日星：雙趙一空日星否
三百零二、趙君草日金：趙君草日財運生
三百零三、趙星清日木：趙星清日木有生
三百零四、趙金立日水：財有小尅也有生
三百零五、趙木合日火：趙木合日火爲明
三百零六、趙水行日土：趙水行日土尅水
三百零七、趙火吉日陰：趙火吉日難遮光

三百零八、趙土凶日陽：趙土凶日陽爲伴
三百零九、趙陰趙日日：雙陰雙日災不成
三百一十、趙陽君日月：趙陽君助天地合
三百一十一、趙趙空日平：趙趙空日落平中
三百一十二、趙君草日草：趙君草日草爲生
三百一十三、趙星清日清：趙星清日雙影中
三百一十四、趙金立日立：趙金雙立日生財
三百一十五、趙木合日合：趙日雙合木得生
三百一十六、趙水行日行：趙水行日行有阻
三百一十七、趙火吉日吉：趙火雙吉日生中
三百一十八、趙土凶日凶：趙土雙凶日有尅
三百一十九、趙陰趙日趙：二趙陰日不明中
三百二十、趙陽君日君：趙陽君日君有爭

（九）君

三百二十一、君星草君草：雙君雙草星君合
三百二十二、君金清君清：君金雙清君財旺
三百二十三、君木立君立：君木雙立君運好
三百二十四、君水合君合：君水雙合君情中
三百二十五、君火行君行：君火雙行君有急
三百二十六、君土吉君吉：君土雙吉君穩坐
三百二十七、君陰凶君凶：君陰雙凶君有凶
三百二十八、君陽趙君趙：君有雙趙君有阻
三百二十九、君日君君君：四君抱日官有爭
三百三十、君君空君星：三君一空星來伴
三百三十一、君星草君金：君星草君君有財
三百三十二、君金清君木：清君有財也被尅
三百三十三、君木立君水：君木立君水生木

三百三十四、君水合君火：君水合君情伴火
三百三十五、君火行君土：君火行君穩中路
三百三十六、君土吉君陰：吉君路穩有小人
三百三十七、君陰凶君陽：雙君有凶陰陽合
三百三十八、君陽趙君日：兄弟結伴無難路
三百三十九、君日君君月：三君相助日月明
三百四十、君君空君平：三君一空也爲平
三百四十一、君君空月星：雙君一空月星夜
三百四十二、君星草月金：君星草月金爲財
三百四十三、君金清月木：君金清月木得生
三百四十四、君木立月水：君木立月水生木
三百四十五、君水合月火：君水合月火水尅
三百四十六、君火行月土：君火行月土爲穩
三百四十七、君土吉月陰：君土吉月陰不明

三百四十八、君陰凶月陽：君月有凶陰陽合
三百四十九、君陽趙月日：君陽趙月日月明
三百五十、君日君月月：雙君雙月日來伴
三百五十一、君君空月平：君君空月爲平中
三百五十二、君星草月草：君星雙草不明女
三百五十三、君金清月清：君金雙清月合財
三百五十四、君木立月立：君木立月立有生
三百五十五、君水合月合：君水雙合君月情
三百五十六、君火行月行：君火雙行月女動
三百五十七、君土吉月吉：君土吉月在情中
三百五十八、君陰凶月凶：君陰凶月暗情凶
三百五十九、君陽趙月趙：君陽趙月情中事
三百六十、君日君月君：三君日月立合中

（十）空

三百六十一、空草草星草：空草草星草爲病

三百六十二、空清清星清：二清一星池是影

三百六十三、空立立星立：二立一星事成中

三百六十四、空合合星合：一空三合女人樂

三百六十五、空行行星行：一空三行女有動

三百六十六、空吉吉星吉：一空二吉女人喜

三百六十七、空凶凶星凶：三凶一星病中尅

三百六十八、空趙趙星趙：二趙一星走難中

三百六十九、空君君星君：三君一星情人多

三百七十、空空空星星：三空雙星事無成

三百七十一、空草草星金：空星雙草金尅草

三百七十二、空清清星木：一空雙清夜木生

三百七十三、空立立星水：空星雙立情爲影

三百七十四、空合合星火：一空雙合星火明
三百七十五、空行行星土：一空雙行夜中路
三百七十六、空吉吉星陰：一空雙吉星不明
三百七十七、空凶凶星陽：一空雙凶星陽尅
三百七十八、空趙趙星日：空星雙趙日難行
三百七十九、空君君星月：一空雙君星月伴
三百八十、空空空星平：三空一星平落中
三百八十一、空空空平星：三空平星事難成
三百八十二、空草草平金：空鄰雙草平爲財
三百八十三、空清清平木：空平雙清木生中
三百八十四、空立立平水：空立雙平水爲財
三百八十五、空合合平火：一空雙合火勢平
三百八十六、空行行平土：一空雙行穩中走
三百八十七、空吉吉平陰：一空雙吉女人安

三百八十八、空凶凶平陽：一空雙凶陽也平
三百八十九、空趙趙平日：空趙趙平日爲陰
三百九十、空君君平月：雙君一平月女伴
三百九十一、空空空平平：三空雙平也有空
三百九十二、空草草平草：一空三草平中立
三百九十三、空清清平清：一空三清爲清平
三百九十四、空立立平立：一空三立立也平
三百九十五、空合合平合：三合一平好事多
三百九十六、空行行平行：三行一平在動中
三百九十七、空吉吉平吉：三吉一平喜事生
三百九十八、空凶凶平凶：三凶一平剋害重
三百九十九、空趙趙平趙：三趙一平走難中
四百、空君君平君：一空三君立平中

3、流年多字組合交斷

一）雙凶之年有大凶，流年遇到凶，歲年又是凶，此年必有大凶

二）流年逢水防水災，流年遇到水字，要警惕水災

三）流年遇火必有急，流年遇到火字，必有火急之事

四）流年逢落必躲星，流年走到落字，應躲星

五）歲年逢水爲情中，歲年逢水字，情有動

六）陰落草上隨風擺，陰落草上，因草枯而隨風搖動

七）逢沖必有動，沖有動象，可沖好，也可沖壞，結合盤勢

八）女命水年犯桃花，女命流年33年，水字，遇到君陽日有犯桃花之兆，但身位是水的別論

九）青龍白虎空孤獨，青龍白虎卦式，又空字多，爲孤獨之人，難成婚姻

十）人走五行在病中，流年歲年遇到金木水火土，均有此兆

十一）四君抱日有爭象，君多有相爭之意

十二）流年凶落土，多爲大難之年（土爲歲年）

十三）日合陽立吉貴人助，流年遇到日、合、陽、立、吉任何一字，多有貴意

十四）土木相見枯木象，木見土、無水生。爲病態，有入墓之象

十五）凶落空遇險難生，凶落空同一流年相遇最危險

十六）草木見土多爲病，無水來生必入墓

十七）金木水火土爲財，盤內無五行之字時，以清草爲財

十八）水火流年易詳查：五行中，水火具有極不穩定的性質，流年如遇到需細查

雙君抱日官運道：二個君字抱一個日字，爲官運道

空後雙草病字頭：空字打頭連雙草，爲有病

一空雙立站不穩：空字打頭，雖有雙立，也難站穩

一空雙凶難做事：一空加雙凶，做事十分艱難

雙凶一空事不成：雙凶一空，什麼事也難辦成

空逢雙趙動意大：空逢雙趙，有坎坷又有動意

雙合一空以平君：二個合字逢上一個空字，仍以平看

雙行一空險路行：雙行在前空在後，小心陷阱

雙吉一空喜事臧：雙吉遇空，雖有喜事也要小心
一空雙吉事難成：空字在前，雙吉在後，喜事難成
三凶圍木官把門：三個凶圍著一個木，兆有牢獄之災
三行圍木獨木橋：三個行一個木，行的是獨木橋
三趙圍木無歸路：三個趙字圍攻一木，是斷了歸路
四行抱星女必走：四個行字圍著一個星，是女人跟人跑了
四趙抱陰女私奔：四個趙字圍著一個陰字，女人已經跑了
四趙成串遇虎地：是上下相連四個趙字，意為進入危險之地
三凶圍吉怨載道：三個凶圍一個吉，是怨聲載道
四立抱吉喜事多：四個立抱一個吉，喜事多多
三星圍立事有成：三個星扶著一個立，事已辦成
三星圍合貴中求：三個星圍著一個合，是在貴中求
三星圍月星月明：三個星圍著一個月，星月更明
三星圍日天地否：三個星圍著一個日，天地兩分開

三星圍吉吉更榮：三星圍一個吉字，吉星高照

三星圍行黑夜行：三個星圍著一個行，爲夜中行

三星圍陽陽亦暗：三個星圍著一陽字，陽無光亮

三星圍陰凶更凶：三個星圍一個陰字，入墓之凶

三星圍君情愛多：三個星圍一個君字，多情多愛

三星圍火耀眼明：三個星圍一個火字，有耀眼之明

三星圍水多想像：三個星圍一個水字，想入非非

四星尅木鬼纏身：四個凶圍尅一個木，小鬼糾纏是非到

三行抱星女必走：三個行夾一個星，女人跟著走了

三星圍金財不明：三個星圍一個金字，財來路不明

三星圍木木爲枯：三個星星圍一個木字，木爲枯木

雙草抱清福祿生：雙草抱一個清字，不愁吃穿

土木陰星病中卦：土木見陰星多爲病中

金爲財，也爲災：金遇水土爲財，遇趙凶爲災

三立抱吉果豐滿：三個立抱一吉字，兆果實豐滿

三星抱凶夜中尅：三個星抱一個凶字，爲夜中尅

十六、龍鳳十二象

此是以十二個時辰而取定的象，其象意惜已失傳，今列出龍鳳十二象，意在他日有緣人能知其象而解其意。（此前有出現過龍鳳十二象解，都爲不著邊際的臆解，并非真解）

子時：天宇
丑時：地廣
寅時：順五宮
卯時：沖時動
辰時：風起路難井
巳時：雨洪雷急空
午時：慶大悟生中
未時：綠枯子落峰
申時：福池女鳳和

酉時：貴龍過江
戌時：河路橋
亥時：萬里通

十七、實例演斷

一、流年逢官災，妻子跳樓死

龍命1951年6月4日卯時

求測時間：2013年5月18日戌時

命盤

	觀	順時	沖	沖	順	觀
	9		10			
31	君	君	空	君		星
	5		14			
44	行	君	合	行時		火
	10		15			
	空	行	行	星		土
	8		9			
	趙	陽	君	趙		君
	陰	31落時	陽	陽	落	陰

命盤分析

此命天宮君君空君星，君星爲夫妻正配，出現在天宮，說明婚姻動得早，夫妻和合，但中間出現一個空字，又是雙君抱空，星爲空，表示夫妻又有分離之象。

身位是君，坐下又是君，雙君出現是爭象，對應地宮又坐陽字，陽爲官，說明有官司象。

查他流年31歲，是在觀下君字上，卯時出生，正好是在身位的君上，雙君出現，對應地宮是趙和陽，此年有難，有官事。

而這一年，正好是天宮卦上，依第一個字和第四個字參看，亦是君君，第三個字和第五個字參看，是空星，妻星有空了。

再看歲年31，減去20，餘11，是金的字位，後天是空字，金空，卯時，在先天木的字位，後天是行字，木行，金木相尅行空中。

龍盤31歲，走在落字上，落又是他的時位，落上陽、陽落。

綜合分析此年，是與人相爭惹官事，行空落之中，金木相尅，事與財有關。回頭再看空星，空是沖下之空，沖是外力，快捷，星是妻星，妻星空得快捷。

事實是：此年命主因受賄而獲牢獄之災，其妻從屋頂跳下而死。

二、因財生事入牢獄

龍命1976年9月16日戌時

求測時間2009年12月2日亥時　34歲

命盤

觀[35]	順	沖[時]	沖	順	觀
18		24			
趙[35]	木[立]	合	日		合
17		36			
凶	水[34]	吉	陽		陰
20		27			
空	凶	凶	平		凶
27		33			
凶	星	立	凶[時]		水

34陰　落　陽　陽　落　陰

命盤分析：

此命天宮趙木合日合，雙合抱日有貴人，合木爲得財，說明有人幫他得財，趙木爲險路，此得來之財有凶險，對應地宮凶星立凶水便明瞭。

流年34歲，在水字上，先天是凶字，凶水，爲剋財。

歲年34歲，減去20，餘14，是火字，火字位上後天是平字，火平，戌時生，在先天凶字上，後天是水字，凶水，還是剋財。

戌時生，亥時來，字爲立，取其來意，還想撐，看其龍盤34歲，在陰字上，陰上凶，凶事已生。

再看其後面35歲，龍盤在觀字上，鳳盤在觀下趙字上，此爲雙觀見趙，必有險事。趙下凶空凶。陰（龍盤），戌時生，對應在地宮的立字上，立見雙凶，而凶事重，空陰之地，乃爲牢獄。

故斷其35歲，必有牢獄之凶災，與財有關。

後記：此命在2010年的4月，35歲，因經營不善而非法集資被刑拘，後被判7年。

三、中年敗盡夫妻分離

鳳命，1968年10月9日戌時

求測時間2009年12月15日未時42歲

命盤

觀	順	沖時	沖	順	觀
17		25			
凶	木	行	陽		行
19		30			
君	君	空時	月		星
21		27			
草	趙	凶	草		凶
20		28			
空	趙	趙	平		趙
陰	45落	陽	陽	落	陰

命盤分析：

此命在盤上比較明顯的有三個方面：

1、觀下，陰上天地宮是凶空，是夫妻分離之象

2、龍盤時位在沖，做事易衝動，鳳盤時位在空上，事難有成。

3、全盤四橫卦，唯第二行最好，君君空月星，君星爲正配關係，君月爲陰陽關係，唯中間是個空字，又是時位，說明好運中還是有欠缺。其他三卦都是有艱難相伴。

4、依大運，看她第三卦：岸趙凶草凶，也是全盤中最不好的一卦，直接查她流年45歲，在凶字上，此字位先天是土字，土凶。土是先天的財庫，被後天的凶所尅，必定有財破。且此卦雙凶尅雙草爲枯，趙爲艱難行。龍盤45歲在落字上，落上趙。故綜合斷此命必定在這一年敗落。

5、再分析45的歲年，減去二個20，餘數5，第5個字是行，此字位上後天又是個行，行行，雙行必有動，戌時生，對應在先天的陽字上，後天透出的是趙，陽趙，男人有强動之意。結合觀下凶空夫妻分離之象，此年必定離婚。

後記：2012年，命主因與他人合作投資失敗，不但耗盡原先掙得全部家產，還背負一身債務，丈夫也離她而去。

四、流年行凶空，夜中走絕地

龍命：1972年5月18日亥時

求測時間：2015年11月7日亥時，44歲

命盤

	觀	順(時)	沖	沖	順	觀
	19		21			
	君	星	草	月		草
	14		35			
	合	君	行	火		土
	17		24			
44	凶	金	合	陽(時)		合
	30		32			
	空	清	清	星		木
	陰	落	陽	陽	落	陰

命盤分析：

此命流年44歲，在凶字上，這一卦是凶金合陽合，以1、4參斷之定律，是凶和陽，男人有凶，亥時生，又對應在這個陽字上。流年凶字位的先天是金字，對應字的陽字位，先天是火字，凶金，火陽，是急尅而大凶之兆。

流年凶字上豎列是君合凶空，及龍盤的陰字，凶空陰是入墓之象，君合，是君要合到裏面去，君是命主。

歲年44，減去整數，還餘4數，4的先天是個合字，後天透出是個月字，亥時生，對應字是清，後天透出是星字，這個星是命主的身位，星月是夜中的意思，身位夜中行，君要合入墓，這是個死卦，故斷他過不了十二月。又流年這一卦的位置是代表人體的腹部，故推他病在腹部。

後記：此命死於2015年12月初10，胃癌

五、以動靜取卦，斷人在重病中

鳳命1964年5月24日午時

求測時間：2014年10月20日酉時

命盤

觀	順	沖[時]	沖	順	觀
13		17			
立	星	凶	水		陽
11		36			
草	凶	吉	金		陰
12		18			
清	星	趙	木		日
31		35			
草 50	吉	行	金[時]		土
陰	落	陽 50	陽	落	陰

命盤分析：

此命流年50歲，在草字上，陰上草，枯象這一卦是草吉行金土，以1、4參斷、草、金、尅象草陰受尅是病象。

再看歲年50歲，減去整數40，餘數10，是星字，此字位上後天透出是陰字，星陰，取象夜深中，也表示女人有病。

流年　陰　草

歲年　星　陰

以取卦法，此爲靜卦，無動字。

既是病人，又是靜卦，有病之人，靜而無動象，是死亡之象。

再看她出生時，流年對應是趙字，先天是水字，水趙，表示艱難中，是動卦。有動便有生，不能死斷。

結論：此命是病重之人，雖與死無异，但尚有生機在。

反饋：此命是植物人

六、合作求財是非來，破財敗盡後運到

龍命1963年1月1日寅時

求測時間：2011年1月7日未時49歲

命盤

觀	順（時）	沖	沖	順	觀
9		12			
君	金（時）	清	君		木
6		5			
吉	金	行	吉 45	51	行
4		10			
合	合	空	合		星
4		7			
合	金	凶	合		凶
陰	落	陽	陽	落	陰

命盤分析

此命來測，命主報八字後，不再開口，以來時取外應，是金字，便知是問財之事，

既知來意，便直接查他財運如何？

此命主身位是金，又遇時位。金下坐金，應是個有財運的人。天宮一行：君金清君木，雖有金尅木之凶，但木有清扶。生尅相平，故財不會有事。

再看地宮：合金凶合凶。金有雙凶尅，是破敗之象。雖有雙凶來尅金財，但又能雙合化凶得金財。故這是個破財敗盡而又不會絕的命。

於是，查他何年，因何事而致破財，此直接從動象上查，有事必有動，看他45歲，45減去整數40，餘數是5，是行字，後天透出木字，行木，財有動象，流年45在吉字上，先天是個君字，君吉，寅時生，對應字是木字，吉木是枯象，說明君行財有枯。

再看流年45的吉字，吉上是君字，吉下是合合，橫行是吉金行吉行。說明此年命主是與他人合作出外去求財，表面上看是好事，實際上已有財枯的信息了。不應

該去。

46歲，流年在吉下合字。合左是空字，合右是星字，出現了不好狀態，星空，即爲夜空中，寅時生，對應字是行，先天是星，星中行，也是夜中行。

47歲，流年在合下合，這個合字的左右都是凶字，一合難化雙凶，寅時出生，對應字是星字，合下又是龍盤的落字，兆命主此年因合作而帶來了凶事，事業開始下落，敗象顯露。

48歲，流年在木字，行上木，財又動了，寅時出生，對應字是凶字，木逢凶尅，是枯象，歲年48，是趙字，後天透出行字，趙行，艱難之行。

結論：與人合作去求財，合來是非凶事，破財了，且已敗盡。

命主反饋：之前已積賺了一些錢，45歲那年，有朋友來邀，去外地合作辦廠，後朋友資金不足向外借錢，命主做擔保……最後被拖累至敗，問後面會怎樣？

再分析：

前面已分析過，這是個破財敗盡而又不絕的命，既不會絕，就會有生機。

命主身位是金，金是11的數，往後就查他51歲這一年，51減去40整數，餘11，是金字。

先看流年51，還是在吉字上，同45歲一樣，沒什麼變化。再看歲年，51是金字，後天透出的是合字，合金是得財的意思，且合上是吉，合下是合，合吉，是喜事的意思。

既有喜事，又能得財，故斷他在51歲這一年能遇好事，得財而轉運。

後記：命主在51歲那年，其女兒嫁人，親家是一地產商，給他錢，給他房子，又安排職位……

七、流年凶趙行，車禍落水死

龍命1985年12月30日寅時

來測時間：2011年12月2日申時

命盤

	觀	順	沖	沖	順	觀
	11		16			
	草	凶[時]	吉	金		陰[寅時]
	8		45			
8月	趙	水	行	趙 27		行
	15		23			
來時	行	趙	立	土		立
	33		38			
	立	金	趙	水		日
時	陰	落	陽	陽	落	陰

命盤分析：

此是別人拿來測斷的，非命主本人來。

此命身位和時位都是凶字，這本身就是一個不好的信息。

流年27歲，在趙字上，先天是君字，君趙，命主有難，寅時出生，在陰字上，先天是行字，行陰是動而不好的信息，先天君行，後天趙陰，身位時位是凶，這已經是一個入墓之象了。

歲年27歲，減去20整數，餘7，7是凶字，後天透出的是水字。凶水，此凶與水有關。

申時來測，從流年趙字下數第9個字，是行，先天是金，金行，是金屬在動，則以車斷。流年這一卦：趙水行趙行，雙趙雙行在水中，是動得十分艱難，動又與水有關。

流年豎列，金趙土水，還是金在動，與水有關。

綜合分析後，斷他流年有車禍，與水有關，有入墓之象。

來人反饋：此命今年8月，騎摩托車因避讓行人，從車上摔下，落水而死。

作者介紹

黃煒祥，壬寅年癸丑月出生於浙江上虞，爲職業地理師，道號一言。

其太師尊江天潭的地理之術，源於大清朝君師李奉來先生，道號歸淳子。李奉來先生將地理之術傳道於大明朝國師劉伯溫的第九代子孫劉隆，道號肉脚仙。仙師傳道於其子賽肉脚，脚傳道於太師尊江西太和場人氏江天潭，綽號江秤杆。師尊著有地理書一部（肝忠節）。後傳道於陳天泰，天泰傳道於許福山，福山又傳道於師祖夏芳溪，道號通神，師祖携糧走四方，重修地理書一部（萬法歸真），實爲尋龍點穴之秘訣。黃煒祥爲江天潭的第十一代弟子，是一字輩。

已丑年，黃煒祥拜七星術的傳人，黑龍江虎林人氏葛玉臣爲師，隨師勤學七年，方得師真傳。

另有其同道之好友，術數名家杜嵐峰先生傳奇門之術於他。杜嵐峰先生，山西太原人，對八卦、測字，奇門等造詣極深。

其出道以後，一直恪守師規，不顯不驕，他深知學技之不易，研術之艱辛，又十分痛恨虛假僞術禍害他人。此番寫《七星術》一書，亦因爲此。所以，在書中最大程度地公開了七星術的主要內容，以期學習者不走彎路而得正果。也是爲七星術的傳承積一功德。

心一堂課程：易學・術數・養生・太極拳

易學、易占	實用象數易六爻占卜基礎、進階	愚人老師（《增刪卜易之六爻古今分析》作者）	本課程介紹象數易六爻占卜基礎。深入淺出。除理論外，配以六爻占卜實際操作及解卦方法。
易學、易占	六爻入門、深造、《增刪卜易》理論研討	李凡丁老師（《全本校註增刪卜易》作者）	以《增刪卜易》為經，民間六爻為緯，分易占思維、基礎點竅、事理取用、卦爻結構、作用順序、象法初階等幾方面進行講解。首次公開六爻"流動、卦陣、虛實"三大理論。
命理	峨眉宗八字命理學及修煉用神（改善運程）	峨眉臨濟宗掌門傳偉中老師指定導師	快速準確掌握八字用神。不單可以通過八字命理「知命」，更可以通過峨眉臨濟宗傳承的獨有修煉用神方法改善運程。
命理	紫微斗數初班	潘國森老師（《斗數詳批蔣介石》、《潘國森斗數教程》系列作者）	・簡介陰陽五行、星命學、曆法。斗數基礎與局限。命盤十二宮。 ・十四正曜，十四助曜，十干四化，八十雜曜等性質。命格、大運、流年。名人命例。
命理	紫微斗數高班	潘國森老師（《斗數詳批蔣介石》、《潘國森斗數教程》系列作者）	十四正曜性質之變化，南北斗中天主星之性質。命身宮與格局，大運流年影響。六親宮位的推斷原則。一百四十四格與十干四化之交涉。以名人命例作教材。並指導學員撰寫簡單批書。
命理	七星術—命理預測	黃煒祥老師（《七星術（正傳）—命理預測篇》作者）	七星術，是一種過去一直秘傳的術數奇術，包含了斗數、梅花、九宮，四柱等七種術數的奇術。七星術推命，不單可推命中的定數，也取用外因，以其相互間的作用，論某人，某事的吉凶成敗和興衰斷，不單可以事，還有一整套與之相配的催吉化凶的方法。
風水	廖氏家傳玄命風水學面授課程（入門班、中級班、高級班）	江西廖氏家傳玄命風水三十七代傳人廖民生老師	本課程系統教授江西興國三僚廖氏過去單傳的風水，包括形勢(巒頭)、理氣的不同用法：〈玄關訣〉、〈斗秘訣〉、〈楊公鎮山訣〉、〈此子訣〉、〈三陽六秀訣〉、〈三合訣〉、〈小玄空訣〉、〈大玄空訣〉……以及擇日等；準確率高達96%以上。
風水	玄空風水實用初班	李泗達老師（《玄空風水心得(一)(二)》作者）	科學設計課程，深入淺出，一針見血，快速有效。風水基本知識、室內外巒頭、常見風水煞及化解法、元運、量天尺、排山掌訣、玄空飛星盤、四大格局初探、五行擇日、九星初探、簡易斷事、流年風水佈局
風水	玄空風水高級課程	李泗達老師（《玄空風水心得(一)(二)》作者）	四大格局精義、合十格局、反伏吟、三般卦、七星打劫、城門訣、兼卦、流年催財訣、流年催桃花訣、流年催官訣

風水：梁正言老師無常派玄空風水課程

【天元五歌-陽宅篇】

風水師必修課程

- 講解陽宅對人的影響，如何選擇理想住屋。
- 教你掌握屋內外之形煞。
- 如何斷出宅內各門，如大門、房門和後門與住宅之配合。
- 分析住宅周圍的馬路，對宅中各人運程影響。內路與外路的關係。
- 城市中高樓大廈林立，解說樓宇之間嶠風對吉凶影響。
- 深入淺出講述陰陽二宅擇地心法。
- 講解九星層間、一般偽法。
- 三元羅庚量度方法實踐。
- 世事發生必與時空有關聯，講解應期計算法則。
- 真實案例分享研習，讓學員更深入了解風水學的運用。

【無常派玄空風水實踐】

本課程將深入淺出教授無常派玄空風水，以古籍為依歸，從多角度復原玄空風水真貌，讓學員以最短時間掌握玄空風水心得，教你如何揀選風水樓，再配合周圍環境來佈局，達到趨吉避凶的效果。本課程理論與實踐並重，務使學員能活學活用。

- 介紹中國龍脈分佈，概述香港山脈走勢，以大量圖片輔助，使學員更容易了解。
- 掌握巒頭基本功夫－青龍、白虎、朱雀、玄武、橫龍、直龍、迴龍、落脈，結穴，開帳、過峽、太祖山、少祖山、父母山等等。
- 介紹先天八卦、後天八卦、干支、二十四山、河圖、洛書、九宮。
- 理氣：飛星排盤，大小三元運，旺生衰死。
- 地盤、運盤和雙星斷事法則
- 揭露風水秘密心法：局與向、運與向、城門訣運用、命卦相配、收山出煞、趨吉避凶法。
- 定座向是風水入門的第一步，所謂「一子錯滿盤皆落索。」，重點闡述如何定出局向、宅向、屋向、門向等重要功夫。
- 認識三元羅庚基本量度方法；立極尺和魯班尺運用；介紹網上羅盤使用方法。
- 講解住屋宅型：鑽石型、圓型、正方型、長方型、L型、缺角型、村屋等。
- 如何準確判斷及運用趨旺法，加強財運、事業、桃花、文昌、健康、名譽、地位等運勢。
- 實例研習，讓學員更深入了解風水學的運用，掌握趨吉避凶竅門。

【無常派玄空風水深造】

本課程乃無常派玄空風水實踐班之延，課程以古籍與現今案例作詳細分析，深入淺出，拆解古人隱而不發之真義，研習古籍包括有玄空古義四種通釋，臨穴指南，宅運新案，天元五歌，地理千金賦等等，本課程巒頭與理氣並重，再配合戶外風水實習，讓學生更能加深了解，使斷事更容易及確。

【《臨穴指南》理論實踐班】

本課程精選出《臨穴指南》一書中的案例，由《臨穴指南》選註作者梁正言老師親自教授，以古籍案例與現今環境作對比，配合巒頭與理氣，深入淺出詳細解釋案例中的重點，讓學員能古學今用，加深並增加斷事準確度。

養生	峨眉十二莊養生功	峨眉臨濟宗掌門傳偉中老師指定導師	博大精深、融匯中醫、氣功、武學、禪修等功法，千錘百鍊，由淺入深。十二莊分別稱為『天、地、之、心、龍、鶴、風、雲、大、小、幽、明〈冥〉。』十二莊還分為文武兩勢和大小煉形法，根據人身經絡氣脈的順暢程度，運用不同的架勢方法進行鍛煉。益處包括：強健機能，保持悅樂。對各種慢性疾病具有神奇的療理保健作用。習武練功者可迅速加深功境。堅持修煉，可證禪無我境界，身心離苦，得生活藝術大自在。
太極拳、太極內功	汪永泉楊氏太極拳（老六路）內功、行功與揉手	汪永泉傳楊氏太極拳研究會會長	太極拳內練的功法。過去多是秘傳，知者甚少。根據楊建侯宗師再傳弟子汪永泉先生傳承的講法『內功太極拳（老六路）』，其獨特之處，不僅在招式，當中有動有靜，着重內功。根據行者的年齡、身體情況、練習招或術、養生或技擊等，姿勢可以大或小，高或低，快或慢……太極拳本無特定之招式，為教學之故，非不得已通過招式、套路、推手（揉手）、器械等去掌握內功與外形的配合、陰陽動靜等。』

報名、查詢：心一堂

電話：（八五二）六七一五〇八四〇
地址：香港九龍旺角西洋菜街南街5號 好望角大廈1003室
電郵：sunyatabook@gmail.com
網址：http://institute.sunyata.cc
Facebook：www.facebook.com/sunyatabook

心一堂術數古籍珍本叢刊　第一輯書目

占筮類			
1	擲地金聲搜精秘訣	心一堂編	沈氏研易樓藏稀見易占秘鈔本
2	卜易拆字秘傳百日通	心一堂編	
3	易占陽宅六十四卦秘斷	心一堂編	火珠林占陽宅風水秘鈔本
星命類			
4	斗數宣微	【民國】王裁珊	民初最重要斗數著述之一；未刪改本
5	斗數觀測錄	【民國】王裁珊	失傳民初斗數重要著作
6	《地星會源》《斗數綱要》合刊	心一堂編	失傳的第三種飛星斗數
7	《斗數秘鈔》《紫微斗數之捷徑》合刊	心一堂編	珍稀「紫微斗數」舊鈔秘本
8	斗數演例	心一堂編	
9	紫微斗數全書（清初刻原本）	題【宋】陳希夷	斗數全書本來面目；有別於錯誤極多的坊本
10－12	鐵板神數（清刻足本）——附秘鈔密碼表	題【宋】邵雍	無錯漏原版　秘鈔密碼表　首次公開！
13－15	蠢子數纏度	題【宋】邵雍	蠢子數連密碼表　打破數百年秘傳　首次公開！
16－19	皇極數	題【宋】邵雍	清鈔孤本附起例及完整密碼表　研究神數必讀！
20－21	邵夫子先天神數	題【宋】邵雍	附手鈔密碼表　研究神數必讀！
22	八刻分經定數（密碼表）	題【宋】邵雍	皇極數另一版本；附手鈔密碼表
23	新命理探原	【民國】袁樹珊	子平命理必讀教科書！
24－25	袁氏命譜	【民國】袁樹珊	
26	韋氏命學講義	【民國】韋千里	民初二大命理家南袁北韋
27	千里命稿	【民國】韋千里	北韋之命理經典
28	精選命理約言	【民國】韋千里	
29	滴天髓闡微——附李雨田命理初學捷徑	【民國】袁樹珊、李雨田	命理經典未刪改足本
30	段氏白話命學綱要	【民國】段方	民初命理經典最淺白易懂
31	命理用神精華	【民國】王心田	學命理者之寶鏡

32	命學探驪集	【民國】張巢雲	發前人所未發 稀見民初子平命理著作
33	澹園命談	【民國】高澹園	
34	算命一讀通——鴻福齊天	【民國】不空居士、覺先居士合纂	
35	子平玄理	【民國】施惕君	
36	星命風水秘傳百日通	心一堂編	
37	命理大四字金前定	題【晉】鬼谷子王詡	源自元代算命術
38	命理斷語義理源深	心一堂編	稀見清代批命斷語及活套
39－40	文武星案	【明】陸位	失傳四百年《張果星宗》姊妹篇 千多星盤命例 研究命學必備
相術類			
41	新相人學講義	【民國】楊叔和	失傳民初白話文相術書
42	手相學淺說	【民國】黃龍	民初中西結合手相學經典
43	大清相法	心一堂編	重現失傳經典相書
44	相法易知	心一堂編	
45	相法秘傳百日通	心一堂編	
堪輿類			
46	靈城精義箋	【清】沈竹礽	沈氏玄空遺珍 玄空風水必讀
47	地理辨正抉要	【清】沈竹礽	
48	《玄空古義四種通釋》《地理疑義答問》合刊	沈瓞民	
49	《沈氏玄空吹虀室雜存》《玄空捷訣》合刊	【民國】申聽禪	
50	漢鏡齋堪輿小識	【民國】查國珍、沈瓞民	
51	堪輿一覽	【清】孫竹田	失傳已久的無常派玄空經典
52	章仲山挨星秘訣（修定版）	【清】章仲山	章仲山無常派玄空珍秘 門內秘本首次公開 沈竹礽等大師尋覓一生未得之珍本！
53	臨穴指南	【清】章仲山	
54	章仲山宅案附無常派玄空秘要	心一堂編	
55	地理辨正補	【清】朱小鶴	玄空六派蘇州派代表作
56	陽宅覺元氏新書	【清】元祝垚	簡易・有效・神驗之玄空陽宅法
57	地學鐵骨秘 附 吳師青藏命理大易數	【民國】吳師青	釋玄空廣東派地學之秘
58－61	四秘全書十二種（清刻原本）	【清】尹一勺	玄空湘楚派經典本來面目 有別於錯誤極多的坊本

62	地理辨正補註 附 元空秘旨 天元五歌 玄空精髓 心法秘訣等數種合刊	【民國】胡仲言	貫通易理、巒頭、三元、三合、天星、中醫
63	地理辨正自解	【清】李思白	公開玄空家「分率尺、工部尺、量天尺」之秘
64	許氏地理辨正釋義	【民國】許錦灝	民國易學名家黃元炳力薦
65	地理辨正天玉經內傳要訣圖解	【清】程懷榮	秘訣一語道破，圖文并茂
66	謝氏地理書	【民國】謝復	玄空體用兼備、深入淺出
67	論山水元運易理斷驗、三元氣運說附紫白訣等五種合刊	【宋】吳景鸞等	失傳古本《玄空秘旨》《紫白訣》
68	星卦奧義圖訣	【清】施安仁	三元玄空門內秘笈 清鈔孤本 過去均為必須守秘不能公開秘密 與今天流行飛星法不同
69	三元地學秘傳	【清】何文源	
70	三元玄空挨星四十八局圖說	心一堂編	
71	三元挨星秘訣仙傳	心一堂編	
72	三元地理正傳	心一堂編	
73	三元天心正運	心一堂編	
74	元空紫白陽宅秘旨	心一堂編	
75	玄空挨星秘圖 附 堪輿指迷	心一堂編	
76	姚氏地理辨正圖說 附 地理九星并挨星真訣全圖 秘傳河圖精義等數種合刊	【清】姚文田等	蓮池心法 玄空六法 門內秘鈔本首次公開
77	元空法鑑批點本——附 法鑑口授訣要、秘傳玄空三鑑奧義匯鈔 合刊	【清】曾懷玉等	
78	元空法鑑心法	【清】曾懷玉等	
79	蔣徒傳天玉經補註	【清】項木林、曾懷玉	
80	地理學新義	【民國】俞仁宇撰	揭開連城派風水之秘
81	地理辨正揭隱（足本） 附連城派秘鈔口訣	【民國】王邀達	
82	趙連城傳地理秘訣附雪庵和尚字字金	【明】趙連城	
83	趙連城秘傳楊公地理真訣	【明】趙連城	
84	地理法門全書	仗溪子、芝罘子	巒頭風水，內容簡核、深入淺出
85	地理方外別傳	【清】熙齋上人	巒頭形勢、「望氣」「鑑神」
86	地理輯要	【清】余鵬	集地理經典之精要
87	地理秘珍	【清】錫九氏	巒頭、三合天星，圖文並茂
88	《羅經舉要》附《附三合天機秘訣》	【清】賈長吉	清鈔孤本羅經、三合訣法圖解
89-90	嚴陵張九儀增釋地理琢玉斧巒	【清】張九儀	清初三合風水名家張九儀經典清刻原本！

91	地學形勢摘要	心一堂編	形家秘鈔珍本
92	《平洋地理入門》《巒頭圖解》合刊	【清】盧崇台	平洋水法、形家秘本
93	《鑒水極玄經》《秘授水法》合刊	【唐】司馬頭陀、【清】鮑湘襟	千古之秘，不可妄傳匪人
94	平洋地理闡秘	心一堂編	雲間三元平洋形法秘鈔珍本
95	地經圖說	【清】余九皋	形勢理氣、精繪圖文
96	司馬頭陀地鉗	【唐】司馬頭陀	流傳極稀《地鉗》
97	欽天監地理醒世切要辨論	【清】欽天監	公開清代皇室御用風水真本
三式類			
98－99	大六壬尋源二種	【清】張純照	六壬入門、占課指南
100	六壬教科六壬鑰	【民國】蔣問天	由淺入深，首尾悉備
101	壬課總訣	心一堂編	過去術家不外傳的珍稀六壬術秘鈔本
102	六壬秘斷	心一堂編	
103	大六壬類闡	心一堂編	
104	六壬秘笈——韋千里占卜講義	【民國】韋千里	六壬入門必備
105	壬學述古	【民國】曹仁麟	依法占之，「無不神驗」
106	奇門揭要	心一堂編	集「法奇門」、「術奇門」精要
107	奇門行軍要略	【清】劉文瀾	條理清晰、簡明易用
108	奇門大宗直旨	劉毗	天下孤本 首次公開
109	奇門三奇干支神應	馮繼明	虛白廬藏本《秘藏遁甲天機》
110	奇門仙機	題【漢】張子房	
111	奇門心法秘纂	題【漢】韓信（淮陰侯）	奇門不傳之秘 應驗如神
112	奇門廬中闡秘	題【三國】諸葛武侯註	
選擇類			
113－114	儀度六壬選日要訣	【清】張九儀	清初三合風水名家張九儀擇日秘傳
115	天元選擇辨正	【清】一園主人	釋蔣大鴻天元選擇法
其他類			
116	述卜筮星相學	【民國】袁樹珊	民初二大命理家南袁北韋
117－120	中國歷代卜人傳	【民國】袁樹珊	南袁之術數經典

心一堂術數古籍整理叢刊

全本校註增刪卜易	【清】野鶴老人	李凡丁（鼎升）校註
紫微斗數捷覽（明刊孤本）附點校本	傳【宋】陳希夷	馮一、心一堂術數古籍整理小組點校
紫微斗數全書古訣辨正	傳【宋】陳希夷	潘國森辨正
應天歌（修訂版）附格物至言	【宋】郭程撰　傳	莊圓整理
壬竅	【清】無無野人小蘇郎逸	劉浩君校訂
奇門祕覈（臺藏本）	【元】佚名	李鏘濤、鄭同校訂
臨穴指南選註	【清】章仲山原著	梁國誠選註

心一堂當代術數文庫

增刪卜易之六爻古今分析	愚人
命理學教材（第一級）	段子昱
斗數詳批蔣介石	潘國森
潘國森斗數教程（一）：入門篇	潘國森
紫微斗數不再玄	犂民
玄空風水心得（增訂版）（附流年催旺化煞秘訣）	李泗達
玄空風水心得（二）—沈氏玄空學研究心得（修訂版）附流年飛星佈局	李泗達
廖氏家傳玄命風水學（一）—基礎篇及玄關地命篇	廖民生
廖氏家傳玄命風水學（二）—玄空斗秘篇	廖民生
廖氏家傳玄命風水學（三）—楊公鎮山訣篇附斷驗及調風水	廖民生
廖氏家傳玄命風水學（四）—秘訣篇：些子訣、兩元挨星、擇吉等	廖民生